U0019324

中國謀略

新全球化下中國一帶一路的經濟與戰略布局

蔡為民 著

獨特視角看見「兩岸共贏」的可能性

自從中國國家主席習近平於2013 年提出「一帶一路」之後，在全球範圍內引起轟動並成為顯學，尤其重要的是，透過近幾年的戮力推動、實施，一帶一路取得可觀成績，已成為「中國崛起」的重要組成部分。

我曾好奇的請教為民，作為來自台灣的中國人，是否能夠深刻體會一帶一路的精髓？為什麼想要寫這樣一本多數人未必感興趣、相對冷門的專書？

為民相當自信的告訴我：在大陸的中國人，由於生長在體制內，許多觀點即使明白也未必講得透徹，且通常表述方式過於刻板、生硬；在台灣的中國人，則更是事不關己，並不了解一帶一路將為兩岸中國人乃至世界地緣政治、軍事、經貿等方面帶來的顛覆性變革。

因此他覺得自己有必要寫一本看似冷僻、缺乏「流量」的專書，為歷史與後人留下見證。即使未必有多少人關注、未必有多少

銷量,「雖一、二百人,吾往矣」。

惟在我看來這本書至少有相當一部分的內容是其他一帶一路書籍所沒有或無從闡釋的,那就是為民花了相當長的篇幅,詳細說明兩岸互動關鍵節點的變化,尤其強調台灣在一帶一路推進過程中,能夠參與的項目、內容與方式,及從而獲得之龐大利益,這其實是可以實現「兩岸共贏」的效果。

顯見為民雖然較多的時間待在大陸,且在事業上取得相當不錯的成績,但仍心心念念台灣發展前景,致力兩岸融合與統一,精神令人感佩。講到這裡就不能不提及作為新黨創立之初即加入的老同志,為民「反獨促統」的理念始終堅持,不管是在台灣,還是在大陸,甚至為之採取「極端」手段——1991年民進黨宣佈「台獨黨綱」的次日,他便號召群眾到民進黨中央黨部抗議及發表「反台獨」聲明;2004年阿扁以「兩顆子彈」當選時,為民更放下在上海的事業,專程返台參與「百萬人包圍總統府」全民抗爭,直到清場被執行任務的軍警打擊頭部,成為當時送醫急救的「七壯士」之一⋯⋯。

最後,欣聞為民在出版了五本房地產專書之後,第六本完全有別於前者的書籍即將付梓,且以獨特的兩岸視角觀察、剖析「一帶一路」所帶來的全球里程碑式影響,乃至對台灣、大陸、兩岸關係的歷史性機遇,相當值得一探究竟。特為之序。

自
序

台灣不應缺席的「一帶一路」

　　作為一個在上海工作、生活20年的台灣人，我對中國大陸的神速進步點滴在心頭。

　　同樣的，也對台灣政治人物眼中只有藍綠，沒有是非黑白的意識形態，且精於內鬥、內耗，卻無力開拓新路，感到傷心甚至絕望。

　　尤其是2020年新冠肺炎疫情方興之初，台灣針對滯留武漢台胞返台的冷血，有別於對待歐美僑胞返台就醫的熱情，乃至在島內引發口水論戰，真是深感震撼與不可思議！台灣這是怎麼了？——印象中，大陸某週刊在2013年某一期的標題「台灣最美的風景是人」。如今「最美的風景」到哪去了？

台灣最美的風景再也沒有「人」

　　如果台灣連人都變味了，變得冷酷無情了，變得尖酸刻薄了，變得幸災樂禍了，那麼台灣除了「罵總統罵得很爽」的無意義宣洩

之外，到底還剩下什麼？

台灣人很善良，但並不傻，即使課綱的調整，使年輕人的家國認同變得越來越「去中國化」，但同文、同種、同語言是無法以人為意志轉移，任誰也改變不了的。因此，我認為許多台灣人對中國大陸的仇視與恐懼，更多的應該是來自於「不瞭解」所導致的誤解。畢竟還有許多台灣人沒有到過中國大陸，並不知道當地的真實狀況，腦袋裡還停留在曾經的「反共抗俄」之兩岸敵對及共產黨專制、腐敗的制式思維中。

否則我很難想像，進步、富強的中國大陸，充滿蓬勃商機的中國大陸，正在積極推進大有可為的「一帶一路」，而最有可能拔得「淘金」頭籌的台灣，卻與之漸行漸遠。

海外重啟「萬邦來朝」模式

這個世界正在改變，且速度可能超乎你我的想像，看看老是與中國大陸作對、緊抱美國大腿的新加坡已經幡然醒悟了，並且再三露骨的公開呼籲美國應與中國共商「世界新秩序」。

看看曾經的美國「馬前卒」菲律賓，其總統杜特蒂一再表明自己的祖父是中國人，並放言「乾脆把菲律賓納作中國一省吧」……；是的，這是不必當真的玩笑話，但如果中國還是三十年前「一窮二白」的中國，他會開這種自損國格的玩笑話嗎？

此外，柬埔寨總理洪森也直言：自己的父親是中國人，他的太太是海南人。這些身分其實是一直存在的，但過去很長時間他們不

會主動提及，因為當時身為華人，並非光榮。

　　現在因為中國大陸的崛起，華僑、華人、華裔與有榮焉，於是紛紛來沾中國的光，反倒是與大陸本源同根、最近、最親，隔海相望的台灣人卻急於撇清與中國「剪不斷、理還亂」的血緣關係。

　　想當年我在書報攤上看到那本雜誌的封面標題——「台灣最美的風景是人」時，心頭一陣暖熱，這時我才知道，雖然離開了台灣多年，終究是生我、養我的家鄉，愛台之心未死啊；即使對它的經濟凋敝、民生窘困、產業空洞化、建設停滯、政府不作為、藍綠對決，乃至台獨議題的紛擾不斷，心頭有憐惜、痛苦、悲哀、憤怒之各種五味雜陳的情緒，但看到大陸同胞對台灣濃濃人情味的讚歎，內心仍充滿驕傲。

　　我總是自信滿滿的告訴我在大陸的朋友，所有中華傳統文化及其精神與物質文明，在台灣都能找到、看到並完美呈現。

　　這份曾經的自豪、自信，在經歷蔡英文兩次當選，及民進黨政府急與中國大陸切割而蕩然無存。

當大陸在積極建設時，台灣則經濟榮景不再

　　大陸早就不再是那個窮得一貧如洗的大陸，變得高大威猛，足以與美國比腕力的狠角色；而台灣也不再是當年意氣風發的亞洲小龍，在安於經濟現狀的「小確幸」之餘，卻想在政治上建立起「獨立王國」。

「一帶一路」不只是中國「成就霸業」那麼簡單

這些年來，我一直想以「一帶一路」為突破口，撰寫我對中國大陸近身觀察的感受、未來發展前景之判斷，乃至台灣在過程中可以扮演的角色；可惜始終因為各種活動、講座等雜務纏身，未能靜下心來將出書事宜進行到底。

適逢疫情氾濫，促使我下定決心把本書完成，希望能讓台灣同胞真正看清當前局勢、「全球化發展」、產業鏈、「經濟演進」、中國大陸正在改變的世界格局，乃至掌握「一帶一路」之無限機遇，則我願足矣。

於是成就本書。

壹

一帶一路的背景與由來

「亞太再平衡」的對應戰略──「1+1＞11」之戰國策

　　途經64國的「一帶一路」從何而來？許多人將之界定為中國大陸國家主席習近平於2013年9、10月出訪國外時，分別提出的建設「新絲綢之路經濟帶」（陸路）及「21世紀海上絲綢之路」（海路）。這不能說錯，習近平推進一帶一路堪稱「敢為天下先」且有勇有謀。但其實在更早之前的2002年，中國大陸已因應國內外政治、經濟形勢的變化、發展，做出了「走出去」戰略的規劃與部署，此為一帶一路之濫觴及發軔。

一帶一路已提升為聯合國戰略

　　究竟一帶一路有何神奇魅力？吸引至少144個國家爭相參與（截至2020年3月），聯合國更於2016年11月17日第71屆大會將一帶一路倡議寫入決議文，得到193個全體會員的一致贊同與認可，意味著一帶一路由中國大陸戰略提升、進階為聯合國戰略。

　　箇中原因值得深究與推敲，也唯有就其形成背景、過程、內涵作詳細剖析、解構，方能真正瞭解一帶一路的可敬、可愛與可怕之處。

　　首先要知道的是一帶一路構想形成之背景因素。從大方向來看，主要是受到三方面的刺激。一是長期以來總有個別國家或組織提出各式各樣的絲綢之路方案，如：1988年，聯合國教科文組織宣佈啟動「綜合研究絲綢之路」項目，以促進東西方之間的文化交流；2004年，日本提出將中亞五國及外高加索三國定義為「絲綢之

路」地區，爭取該區域的能源開發及貿易主導權；2008年，聯合國開發計劃署發起「絲綢之路復興計劃」，目的在於改善歐亞大陸的聯通條件；2011年，伊朗宣稱將啟動「絲綢鐵路」項目，興建伊朗、阿富汗、塔吉克、吉爾吉斯的鐵路與中國大陸鐵路線聯通，為貿易暢通創造條件；2012年，哈薩克宣佈實施「新絲綢之路」項目，希望能恢復自己國家的歷史地位，成為中亞最大的過境中心。

　　最值得玩味的是，2011年美國曾準備自阿富汗撤軍，竟意圖大啖「人血饅頭」，主導該國戰後重建商機，於是提出「新絲綢之路」計劃，試圖建構包括中亞、阿富汗、伊朗在內的西域經濟新秩序。

　　以上只是信手拈來之例舉，其實包括俄羅斯也曾倡議歐亞經濟聯盟的「新絲綢之路」，及歐盟擬建立「從里斯本到符拉迪沃斯托克（海參崴）」歐亞一體化戰略之「變形版」與「絲綢之路」有關的計劃。

沒有中國，何來「絲綢之路」

　　凡此種種，均使中國大陸相當「受傷」，因為「絲綢之路」就傳統意義而言，是以中國為中心或起點，通往亞歐的商貿古道，但這些五花八門的相關方案無一與中國有聯繫，不免令人遺憾。或許中國太強大了，一旦納入便有喪失主導權之虞，因此避之唯恐不及。但與中國無關的「絲綢之路」，還有資格叫「絲綢之路」嗎？這個情況相當類似於韓國「申遺」　注1　時把端午節、活字印刷都「偷」走了的感受。

　　其二，自從1999年美國「誤炸」南斯拉夫中國大使館 注2 ，導致多名中國人傷亡開始（以「不精確導彈」三次「精確」命中），中美暗自較勁便已拉開大幕。雖然事隔20年，筆者依然清晰記得北約 注3 為此召開記者會，其秘書長在表達歉意時的那一抹得意與詭異的賊笑。無端遭外侮踐踏至此，堪稱國恥！惟限於當時中國大陸的國力，除了忍辱負重再三、再四，重複表達抗議、嚴重抗議的「尷尬」立場之外，還能如何？誠如普丁所感歎：沒有實力的憤怒毫無意義。

一帶一路醞釀時間超過10年

　　於是中國大陸痛定思痛，深知除了韜光養晦、發展經濟保民生之外，惟有整軍經武、構建中國復興夢，才能真正得到國際尊重甚至敬畏。

　　這既有賴於結合、爭取世界友好國家共同努力，更需要規劃能發揮中國大陸基建優勢之國際跨洲的絲綢計劃，用以結合相關各方利益，形成命運、經濟共同體，於是一帶一路的架構與行動便應運而生、踏上征程。

　　2002年，共產黨的十六大報告提出「走出去」戰略，是其思維萌芽；2009年，共產黨的十七大報告進一步指出，把「引進來」和「走出去」更好的結合，以形成國際經濟合作和競爭新優勢，是其骨骼軀幹；2012年，共產黨十八大報告強調：適應經濟全球化新形勢，實施積極主動的開放戰略，完善互利共贏、多元平衡，安全高

效的開放型經濟體系，是其經絡血肉；至此，中國大陸一帶一路戰略形神已具。

「化暗為明」的一帶一路

亦即從2002年甚至更早之前，關於一帶一路內涵的實質運作如：海外投資、承包國際工程、各種援助計劃（2010～2012年一帶一路啟動前兩年，中國大陸對外援助金額為893.4億人民幣。主要方式是：無償援助、無息貸款、優惠貸款三種），便已醞釀與展開；以海外投資為例，截至2013年底，中國大陸153萬家境內投資者在國（境）外設立254萬家對外直接投資企業，分佈在全球184個國家（地區），中國大陸對外直接投資累計達6,604.8億美元，位居全球第11位。再如：2013年中國大陸與一帶一路沿線國家的貿易額超過1兆美元，占中國外貿總額的四分之一，過去10年中國大陸與沿線國家的貿易額年均增長為19%，較同期中國外貿額的年均增速高出40%。

顯見一帶一路的戰略布局並非從天而降的空中樓閣，實乃有備而來，是在既有的基礎之上加以深化、延伸，並形成新的國際合作關係。

只是在那個敏感時期，為了避免過早的引起美方注意、打草驚蛇，始終低調潛行罷了。

直到2012年，美國歐巴馬政府警覺到中國大陸崛起之勢，提出明顯以壓制為目的之「亞太再平衡」、「重返亞洲」戰略 注4 。此

一帶一路沿線涉及之64國（不包括中國大陸）

俄羅斯蒙古中亞5國	東南亞11國	南亞8國	中東歐16國	西亞北非16國	獨聯體其他5國及喬治亞
蒙古	印尼	尼泊爾	波蘭	伊朗	白俄羅斯
俄羅斯	柬埔寨	不丹	蒙特內哥羅	敘利亞	烏克蘭
哈薩克	東帝汶	馬爾地夫	馬其頓	約旦	亞塞拜然
塔吉克	馬來西亞	阿富汗	波赫	以色列	摩爾多瓦
吉爾吉斯	菲律賓	巴基斯坦	阿爾巴尼亞	伊拉克	亞美尼亞
烏茲別克	新加坡	印度	立陶宛	黎巴嫩	喬治亞
土庫曼	泰國	孟加拉	拉脱維亞	巴勒斯坦	
	汶萊	斯里蘭卡	愛沙尼亞	埃及	
	越南		捷克	土耳其	
	寮國		斯洛伐克	沙烏地阿拉伯	
	緬甸		匈牙利	阿聯	
			斯洛維尼亞	阿曼	
			克羅埃西亞	科威特	
			羅馬尼亞	卡達	
			保加利亞	巴林	
			塞爾維亞	葉門	

際，羽翼已成但猶未豐滿的中國大陸既不好直接硬碰硬，又不能在檯面上服軟（弱肉則強者分食之），從而相應提出一個既與之匹配又可避其鋒芒、同樣向西挺進之國際跨洲「1+1＞11」的全球計劃，它的名字就叫一帶一路倡議。

換言之，一帶一路一直是中國大陸執行「走出去」政策的實質，而直到2013年底才化暗為明，以作為美國「亞太再平衡」的對應策略之角色扮演，橫空出世。此其三也。

注1　申遺：是指世界上國家和地區以某一地區的特殊遺產價值，向聯合國教科文組織遺產委員會申請加入世界遺產的行為。

提名列入《世界遺產名錄》的文化遺產項目，必須符合六項標準中的一項或幾項方可獲批。

1. 代表人類創造智慧的傑作。
2. 在建築、文物等方面，展現了人類價值觀念在一定時期的重要交流。
3. 能為現存或已消失的一項文化傳統提供唯一或獨特的證據。
4. 一種建築物、建築風格能展示人類歷史重要發展時期。
5. 是一種傳承人類具有土地利用或海洋開發的典範，代表了一種或多種文化等相互作用。
6. 與具特殊、普遍意義的事件等存在直接或實質的聯繫。

注2　南斯拉夫大使館「誤炸」（五八事件）：1999年5月8日，以美

國為首的北約部隊用B-2隱形轟炸機投下五枚導彈，悍然轟炸了中國大陸駐南斯拉夫大使館。新華社記者邵雲環、《光明日報》記者許杏虎和朱穎當場犧牲，數十人受傷，大使館建築嚴重損毀。

北約解釋：這是誤炸，原因是使用了一份美國中央情報局過時的地圖，而且大使館距離北約轟炸的真正目標南斯拉夫軍事總指揮部僅僅只有180公尺，兩個建築物的大小形狀十分相似。

中國大陸駐南聯盟大使館遭北約轟炸後，中國大陸民眾群情激憤，全國多地爆發大規模反美示威活動。

注3 北大西洋公約組織（North Atlantic Treaty Organization）：簡稱北約（NATO），是歐洲和北美國家為實現防衛合作而建立的國際組織，現擁有30個成員國。

北約擁有大量核武器和常規部隊，是西方的重要軍事力量。這是二戰後西方陣營軍事上實現戰略同盟的標誌，是馬歇爾計劃在軍事領域的延伸和發展，使美國得以控制以德國和法國為首的歐盟防務體系（歐盟27個成員國中，有21個都是北約成員），是美國實現超級大國領導地位的標誌。

北約的最高決策機構是北約理事會。理事會由成員國國家元首及政府高層、外長、國防部長組成。總部設在比利時的首都布魯塞爾。2020年3月27日，北馬其頓正式加入北約，成為北約第30個成員國。

注4　重返亞洲戰略：美國總統歐巴馬2011年11月在自己的老家夏威夷抓住主辦亞太經合組織（APEC）峰會的機遇，高調亮出轉向亞洲戰略。美國政府開始從阿富汗和伊拉克兩場戰爭撤出，同時尋求外交政策新亮點。歐巴馬團隊執政以來，美國政府在「巧實力」的概念下調整了戰略選擇，決定把戰略重心轉移到亞太。

　　在2012年6月3日閉幕的香格里拉對話會上，當時的美國國防部長潘內達提出了美國「亞太再平衡戰略」，指出美國將在2020年前向亞太地區轉移一批海軍戰艦，屆時會將60%的戰艦部署在太平洋。

貳

一帶一路的內涵與路徑

　　要清楚瞭解一帶一路的本質、前進動線乃至「磁吸效應」之由來，就必須對中國大陸稱霸路徑選擇的國際現勢（外因）、內在運作模式（內因）及其核心動能（誘因）做深入掌握，否則將如盲人摸象，難以窺其堂奧。

　　為何要先從「外因」談起？因為一帶一路應運而生，本來就是基於國際局勢越來越趨於衝突對立、貧富分化、野蠻叢林與霸凌橫行，再不加以阻擋、導正，則全球治理將墜入不可開交之混戰局面。

一、外因

中國大陸「稱霸」的路徑選擇——上善若水，以柔克剛

　　許多人充滿好奇與疑惑——中國大陸如此大費周章甚至有點吃力不討好的大興土木、投資跨境基礎建設，真的只是為了對外所宣稱的「去庫存」、「走出去」乃至促進「國際合作」那麼表淺？是否隱藏著不可告人的野心與企圖？國際間也有一些自認為充滿「政治智慧」的檯面人物，直截了當而輕率的將之解讀為「中國的稱霸之路」，或中國版「馬歇爾計劃」　注1　，甚至以「新殖民主義」名之。

包括但不局限於亞歐非三大洲

　　這是真的嗎？我看確實有一定的道理，但卻有本末倒置之嫌。

作為全球性宏偉計劃，「稱霸」根本只是一帶一路自然而然達成的階段性目標，重要的是如何在推進過程中，透過國際全方位合作創造經濟繁榮環境，進而建立真正意義的水乳交融、人類命運共同體意識，才是一帶一路的終極目標。

換言之，一旦水到渠成，中國大陸稱霸其實是前進路徑中的必然成果，何須強求？

或許有人說：一帶一路只跨越亞歐非，而世界好歹有七大洲，以「全球」名之有渲染、誇張嫌疑，充其量應該只是個「國際跨洲」行動，況且類似計劃多如牛毛，並沒有想像中那麼偉大。

此觀點大謬，且不說早在上世紀大戰略家麥金德就曾指出，「地球是由面積最大、人口最多、物產最豐富的『歐亞非』所組成的中心，及其相對孤立的美洲大陸、澳洲大陸、日本及大不列顛群島等邊陲兩個部分所構成」之觀點是否正確，中國大陸的相關聲明已強調一帶一路包括但不局限於「亞歐非」，任何有利於互聯互通的建設都可涵括在內，譬如：擬議中橫跨南美洲、由秘魯貫穿巴西，使太平洋與大西洋聯通之「兩洋鐵路」 注2 ，便為顯例（此規劃有一個特殊的外號：通往中國之路），足以說明一帶一路有其深謀遠慮與高明意涵。

一個靈魂提問：中國不稱霸，誰稱霸？

誠然，一帶一路字義內容真的太淺顯、設定目標真的太遠大、執行過程真的太艱難，而窮盡千辛萬苦所謀求者，卻絕非只是稱霸

那麼簡單而已！此中關鍵的靈魂提問是：這是陰謀嗎？不，這是陽謀！

正所謂：「不想當將軍的士兵不是好士兵」，歷史上從來沒有哪個大國不想稱霸！即使印度也不例外。印度罔顧自身實力，長期積極爭取聯合國入常，但這種提升國際地位與強國夢的做法，雖與中國大陸似有異曲同工之處，卻又差之千里。

畢竟中國大陸作為「購買力平價GDP」世界第一的全球第二大經濟體，還「謙卑」的宣稱無意稱霸，你信嗎？至少美國是不信的，否則就不必處處為難、與中國大陸對著幹，乃至大張旗鼓「重返亞洲」，還沒事找事、煞有介事的把「亞太」改稱為「印太」**注3**，並硬生生拉抬印度，便於與中國大陸對抗。

購買力平價GDP世界排名

排名	國家	購買力平價GDP	占全球百分比
1.	中國	25.4萬億美元	18.6%
2.	美國	20.5萬億美元	15.0%
3.	印度	10.5萬億美元	7.7%
4.	日本	5.5萬億美元	4.0%
5.	德國	4.5萬億美元	3.3%
6.	俄羅斯	4.0萬億美元	2.9%
7.	印尼	3.5萬億美元	2.6%
8.	巴西	3.4萬億美元	2.5%
9.	英國	3.1萬億美元	2.3%
10.	法國	3.1萬億美元	2.3%

　　所以值得探究的「可怕」不是中國大陸稱霸，而是採取什麼樣的方式稱霸？

「核威懾」使戰爭等同毀滅

　　可以參照的樣本是19世紀的超級強權英國。其以海上征伐為綱、以殖民統治為目的，最多時英屬海外領土遍佈包括南極洲在內之七大洲、四大洋，面積達3,550萬平方公里，是中國大陸960萬平方公里的近四倍！號稱「日不落帝國」毫不為過。直到今天，鬆散的「英聯邦」 注4 仍有53個主權國家為其成員。

　　或是仿效20世紀的獨霸強權美國。以世界通行貨幣、尖端高科技、軍事實力的絕對優勢，在全世界140個以上國家駐軍，擁有至少430座海外軍事基地，極盡武力恫嚇、經濟制裁、金融掠奪之能事，簡單粗暴的對世界各個國家耀武揚威、頤指氣使。

　　顯然這兩種模式均已不適用或不能用在今時今日，因為硬碰硬、獅王爭霸式的決一雌雄，中國大陸未必甚至難有絕對勝算，加之以現代武器的殺傷力，兩個核大國 注5 全面開戰的後果是不可想像的，而非兩敗俱傷那麼單純，所將帶來的必定是全球範圍內毀滅性級別之災難。

　　曾經有人問發明原子彈的愛因斯坦：第三次世界大戰可能在什麼時候發生？他的回答發人深省：「我不知道第三次世界大戰何時會爆發，但我知道第四次世界大戰的『殺傷性武器』是石頭和棍子！」

這也是為什麼核大國之間往往打的是「代理人戰爭」或局部、有限戰爭，盡量避免直接對撞、開幹，因為回歸石器時代是人類「不可承受之重」！

兩次世界大戰之基本資料

	第一次世界大戰	第二次世界大戰
起訖時間	1914.7～1918.11	1939.9～1945.9
參戰國	30多國	60多國
捲入人口	15億	20億
主要戰場	歐洲戰場	歐洲戰場、亞洲太平洋戰場、北非戰場
軍事集團	同盟國－協約國	軸心國－國際反法西斯同盟
重要會議	巴黎和會、華盛頓會議	開羅會議、德黑蘭會議、雅爾達會議
結束標誌	1918年11月德國宣布投降	1945年9月2日日本宣布無條件投降
傷亡人數	3,000萬	19,000萬
戰後世界政治格局	凡爾賽－華盛頓體系	兩極格局
國際機構	國際聯盟	聯合國

中國崛起不走霸權老路

故而可以這麼說：「中國崛起」之路的選擇極其有限，證諸歷史，英國在完成「工業革命」後 **注6**，以武力擴張領土範圍之增量，及美國在東西方對壘的冷戰 **注7** 結束後，依然採用之軍事圍

堵戰略，均已不合時宜，難以贏得國際支持與認同。

既然以暴易暴不可行，那該怎麼做呢？最順其自然的，便是回歸中華傳統文化與思想之厚德載物，採用中國大陸強項＋懷柔攻勢，並結合現代需求模式——以基礎建設為「敲門磚」之和平手段，全面經濟讓利、金融幫扶作為先導，建立互信根基、創造繁榮共享環境與利益共同體，最終實現「四夷賓服、萬邦來朝」的中國崛起路徑。

當然，這或許也是不得已的務實選擇。

毛澤東曾經引用共產黨創始人陳獨秀在諷刺國民黨專權之新詩裡的一句話：黨外無黨，帝王思想；黨內無派，千奇百怪 注8 。藉以凸顯各個政黨之間及其內部各有擁護者，進而形成不相為謀或互為傾軋之派系鬥爭，實乃稀鬆平常的家常便飯。

其實國際競爭同樣如此，甚至更加慘烈。

美國是聯合國長期「執政黨」

如果我們把世界或聯合國視為一個完整的主權獨立國家，那麼現在的「執政黨」就是美國。

不容置疑的是，由於1991年最大「反對黨」的蘇聯解體 注9 ，「政府」頓失有力監督與制衡力量，導致美國獨掌大權太久，所思所想嚴重背離國際民意，甚至因為一意孤行、橫征暴斂（動輒長臂管轄、發起制裁與貿易戰、薅羊毛），看誰不順眼或凡是擋到美國財路、利益者，警告無效便率領一眾「小弟」揮戈討

伐。

　　曾經的伊拉克總統海珊因為號召OPEC（石油輸出國家組織）**注10** 成員國以歐元取代美元為結算貨幣，被美國視為眼中釘，於2003年以莫須有的「製造化學武器」為由（當年美國國務卿鮑威爾在聯合國會議上拿著事後被戲稱為「洗衣粉」的化武小瓶，力主攻打伊拉克的經典畫面，深烙在世人心中），繞開聯合國安理會，美英聯軍單方面對伊拉克實施軍事入侵，並迫不及待的成立伊拉克臨時政府，所下達的第一道法令便是宣佈：石油出口從歐元改回美元結算。更「一不做二不休」地將海珊逮捕受審，終以絞刑處死，但之前聲稱藏匿的「大規模生化武器」卻查無所獲，伊拉克則已被戰亂搞得不成「國」形，生靈塗炭、民不聊生，應驗了海珊的死前遺言：沒有我的伊拉克一文不值！

　　面對美國如此蠻橫、霸道之土匪行徑，天下為之所苦卻無可奈何久矣。

　　連曾任美國總統（第39任）的吉米‧卡特自己都承認：美國建國242年間只有16年是「和平時期」，過去的30年更是「窮兵黷武」，發動了太多起戰爭，浪費了不知幾個兆美元，並在寫給川普的「規勸信」當中特別提到：如果這些錢用來興建高鐵那該多好啊！可惜川普給出的回應竟是將2020年度軍事預算提高至破歷史記錄的7,500億美元，比2019年的7,160億美元還高了340億美元。

　　一般來說，國家軍費通常在GDP的2%以下，而美國則高達3.4%以上，在2018年時，全球前十大軍費排名，美國超其他9國之

和，凸顯其一貫「以力服人」的立國理念。

中國大陸是聯合國當今最大的「反對黨」

既然美國是執政黨，那麼誰是在野黨呢？無疑是近幾年趁勢崛起、厚積薄發的中國大陸足以擔當最大在野、反對黨，欲與美國並駕齊驅或取而代之。事實上，必須承認至少截至目前為止，中國大陸是有自知之明的，瞭解自己尚不具備「取而代之」的能力、能量，最多也只是追求、構思著「平起平坐」與不衝突、不對抗的兩個「新型大國關係」 注11 。

此即中國大陸國家主席習近平對外所一再強調：「太平洋足夠大，容得下中國與美國」的原因。

可惜當大哥好多年的美國聽不進去，總想的是：中國大陸如芒在背，必欲除之而後快的「一山難容二虎」、「臥榻之側豈容他人鼾睡」的帝王術，以致兩國之間的勾心鬥角無日不有，看來「修昔底德陷阱」 注12 是難以逃脫之歷史定律。

始於2018年歷經了23個月交鋒，終於2020年1月15日完成正式簽署的第一階段協議之「中美貿易戰」只是兩國各種形式戰爭之開端，第一回合算是雙方打了個平手，基本上都是「殺敵一千，自損八百」的狀態，這當然不會是川普所要的結果，接下來肯定還有「好戲」可看。（參看延伸閱讀之一〈驚心動魄的「中美貿易戰」〉）

從中國大陸的角度來說，既然美國打的算盤是你死我活的「零和遊戲」，這個時候中國大陸已無退路，只能硬著頭皮奮力一搏。

　　值得慶幸的是，一帶一路從2013年9月啟動至2018年7月中美貿易戰全面開打前，已有序推進近5年，成果堪稱斐然，哪怕美國不斷搗亂、壞事，也無礙於一帶一路過關斬將，贏得世界上多數國家的高度認同。

　　之所以如此，其中關鍵是因為中國大陸作為重新崛起之中道力量，推出的一帶一路有別於美國打打殺殺、戾氣十足的「楚霸王模式」，而係以更溫柔、更接地氣、更符合「國」性，兼顧各方利益、創新服務之價值體系與施政綱領為主導，故能贏得各方信賴與鼎助。

　　當然，中國大陸也心知肚明，意圖惹事的並不只有美國！

　　2012年12月31日，日本首相安倍就重提旨在圍堵中國的「自由與繁榮之弧」 注13 ；2015年2月，在第17屆亞洲安全大會（ASC）上，印度更是推出了「季風計劃」 注14 ，規劃了一個由印度主導的海洋世界，試圖重建古印度文明圈，以便對中國的「一帶一路」進行反制。

注1 馬歇爾計劃（The Marshall Plan）：官方名稱為「歐洲復興計劃」（European Recovery Program），是第二次世界大戰結束後，美國對被戰爭破壞的西歐各國，進行經濟援助、協助重建的計劃，對歐洲國家的發展和世界政治格局產生了深遠的影響。

　　該計劃於1947年7月正式啟動並持續4年。在這段時期內，西歐各國通過參加歐洲經濟合作與發展組織（OECD），總共接受了美

國包括金融、技術、設備等各種形式的援助合計131.5億美元，其中90%是贈予，10%為貸款。

馬歇爾計劃長期以來也被認為是促成「歐洲一體化」的重要因素之一。因為該計劃消除或者說減弱了歷史上長期存在於西歐各國之間的關稅及貿易壁壘，同時，使西歐各國的經濟聯繫日趨緊密，並最終走向一體化。

注2　兩洋鐵路：是指橫跨南美洲大陸，連接太平洋岸及大西洋岸的鐵路建設項目。

此概念是在2014年7月16日，中國國家主席習近平在巴西首都會見秘魯總統烏馬拉之後提出的，他明確表示中國願與巴西、秘魯兩國，就開展連接大西洋和太平洋的「兩洋鐵路」進行相關合作，並建議三國組建聯合工作組。

注3　印太：2013年3月，美軍太平洋戰區司令洛克利爾在國會作證時，開始用一個地緣政治上的「新詞」定義傳統的亞太地區：印太亞洲，即印度洋—太平洋—亞洲，較以往加強了印度洋在整個地區的重要性。太平洋戰區司令部否認美軍採用新說法意在排斥中國大陸，認為這是為了彰顯在亞太地區不僅包括太平洋，還包括印度洋。

給亞太地區「改名」僅是美國著力印度洋的一系列動作之一，其他還包括：提升印度為「新興合作夥伴」、改善和緬甸關係及開

始在澳洲駐軍等，從而使亞洲進入了「印太時代」。

注4 英聯邦（Commonwealth of Nations）：二次大戰後，大英帝國的海外屬地紛紛獨立，為鞏固14世紀以來英國以強大海權所建立的帝國勢力，西元1931年以共同效忠英王的形式，自由結合為「不列顛國協」，國協成立至今已有48個會員國，會員國均享平等地位，內政、外交互不相屬。

注5 核大國：主要是指擁有核武器的國家。目前核武器仍然是世界五個核大國確保各自戰略安全的最重要工具。據俄羅斯媒體推測，世界五個核大國的核武器數量雖然有所減少，然而，威力仍然很大。不僅如此，一些新的核手段正投入使用，大量新型核武器也正在研製中。

世界上公認的五個核大國是中國大陸、美國、俄羅斯、英國、法國。

注6 工業革命（Industrial Revolution）：開始於18世紀60年代，通常認為它發源於英格蘭中部地區，是資本主義工業化的早期歷程。

18世紀中葉，英國人瓦特改良蒸汽機之後，由一系列技術革命引起了從手工勞動向動力機器生產轉變的重大飛躍，隨後向英國乃至整個歐洲大陸傳播，19世紀傳至北美。一般認為，蒸汽機、煤、鐵和鋼是促成工業革命技術加速發展的四項主要因素。英國是最早

開始工業革命也是最早結束工業革命的國家。

注7　冷戰（Cold War, 1945-1990）：以美國為首的西方集團（即「北大西洋公約組織」的成員國），和以蘇聯為首的東歐集團（即「華沙條約組織」的成員國）之間在政治和外交上的對抗。

　　第二次世界大戰結束後，形成了東、西兩大集團。這兩大集團由於政治信仰不同，而處在相互敵視狀態。由於雙方軍事力量都非常強大，擁有幾百萬軍隊和數萬核彈頭，所以誰都不敢動用軍事力量來發動戰爭。但是，他們都想削弱對方直到搞垮對方，所以就動用除軍事行為以外的一切手段。這包括：經濟封鎖、顛覆破壞、軍備競賽等。雖然兩大集團之間沒有直接響起槍炮聲，但是，實際上他們卻處在一種戰爭狀態。美國參議員伯納・德巴魯克伯在南卡羅來納州的一次演說中將這種狀態稱為「冷戰」，以區別動用真槍實彈的「熱戰」。

注8　黨內無派，千奇百怪：1966年8月12日共產黨召開的八屆十一中全會上，毛澤東引述了陳獨秀在1927年應瞿秋白所約而寫的《國民黨四字經》中的一句話：「黨外無黨，帝王思想；黨內無派，千奇百怪」。後來這句話被定名為《四言韻語・黨外黨內》，大部分人都以為這句話是毛澤東說的，其實不然。

注9　蘇聯解體：蘇維埃社會主義共和國聯盟（CCCP），簡稱蘇

聯。1917年11月7日十月社會主義革命，建立世界上第一個社會主義國家政權——俄羅斯蘇維埃聯邦社會主義共和國；1922年12月30日，俄羅斯聯邦、烏克蘭、白俄羅斯、南高加索聯邦組成蘇維埃社會主義共和國聯盟（後增到15個加盟共和國）。

1991年12月21日俄羅斯等十一國簽署《阿拉木圖宣言》，標誌蘇聯完全解體；原蘇聯是一個聯邦制國家，由15個權利平等的蘇維埃社會主義共和國按照自願聯合的原則組成，並奉行社會主義制度及計劃經濟政策，由蘇聯共產黨執政。

注10 OPEC：石油輸出國組織（Organization of Petroleum Exporting Countries），簡稱OPEC。亞、非、拉石油生產國為協調成員國石油政策、反對西方石油壟斷資本的剝削和控制而建立的國際組織，1960年9月成立。它的宗旨是：協調和統一成員國石油政策，維持國際石油市場價格穩定，確保石油生產國獲得穩定收入。該組織自成立以來，與西方石油壟斷資本堅持鬥爭，在提高石油價格和實行石油工業國有化方面取得重大進展。

現有12個成員國是：伊拉克、伊朗、科威特、沙烏地阿拉伯、委內瑞拉、阿爾及利亞、加彭、印尼、利比亞、奈及利亞、阿拉伯聯合大公國、突尼斯。總部設在奧地利首都維也納。

注11 新型大國關係：是以「相互尊重、合作共贏的合作夥伴關係」為核心特徵的大國關係，是崛起國和既成大國之間處理衝突和

矛盾的新方式。2012年5月3日，在北京召開的中美戰略與經濟對話期間，雙方將構建中美「新型大國關係」作為主題，這一概念被高調推出。

從2012年到2024年是中美關係最危險的十餘年，如果處理不好，中美兩國會發生摩擦，甚至兵戎相見。

注12　修昔底德陷阱：指一個新崛起的大國必然要挑戰現存大國，而現存大國也必然會回應這種威脅，這樣戰爭變得不可避免。此說法源自古希臘著名歷史學家修昔底德，他認為，當一個崛起的大國與既有的統治霸主競爭時，雙方面臨的危險多數以戰爭告終，這幾乎已經被視為國際關係的「鐵律」。

西元前5世紀，雅典的崛起震驚了陸地霸主斯巴達。雙方之間的威脅和反威脅引發競爭，長達30年的戰爭結束後，兩國均遭毀滅。

修昔底德總結說，「使得戰爭無可避免的原因是雅典日益壯大的力量，還有這種力量在斯巴達造成的恐懼」。

注13　自由與繁榮之弧：是指從東南亞經由中亞到中歐及東歐，連成一條弧線包圍著歐亞大陸，支持擁有與日本「相同價值觀」的國家，被廣泛解讀為「圍堵中國」的政策。

2006年11月30日，當時的日本外相麻生太郎在日本國際問題研究所主辦的專題講座上發表演講，提出了日本外交的新基軸觀

點——「強化日美同盟」、「加強與中韓、亞洲近鄰國家的關係」
等日本外交的基本點。把歐亞大陸周邊興起的新興民主國家聯合起
來開展外交，建立「自由與繁榮之弧」的方針。

注14 季風計劃：是印度莫迪政府嘗試「借古謀今」的一種外交
戰略新構想，設想在從南亞次大陸到整個環印度洋的廣大區域內，
打造以印度為主導的環印度洋地區互利合作新平台。

　　以深受印度文化影響的印度洋地區及該地區國家間悠久的貿易
往來歷史為依託，以印度為主力，推進環印度洋地區國家間的共同
開發海洋資源、促進經貿往來等領域合作。莫迪政府的「季風計
劃」經歷了從最初的文化項目定位，發展成為具有外交、經濟功能
的準戰略規劃。

二、內因

聯通以利移動——「五通」乃前進引擎

說穿了，一帶一路就是中國大陸兩大電信運營商的名字——聯通＋移動。

首先要知道的是，中國是世界上與鄰國土地接壤最多的國家（14個），此係國界糾紛之所在，也是「互聯互通」之利基（優先推進東盟與一帶一路關係之重要原因）。

既然要使綿延數萬公里並「配備」六大經濟走廊分支的一帶一路，成為世界域、全球化的重量級經濟引擎與平台，首先就必須大規模興建基礎設施，以達到互聯互通效果，然後才能促進各類型生產要素的轉「移」與流「動」。

聯通帶來空前機遇

換言之，隨著基礎設施的快速推進使國際從割裂走向互聯，世界格局正在發生本質性變革。

以形象比喻：一帶一路無異於人體的「任督二脈」；六大經濟走廊堪比骨架，途經節點城市建立的自貿區（港）、經濟特區則形同各種重要臟器，「中歐班列」（參看延伸閱讀之二〈八爪章魚之「中歐班列」〉）、「陸海新通道」（參看延伸閱讀之三〈八爪章魚之西部「陸海新通道」〉）、「中歐陸海快線」（參看延伸閱讀之四〈八

爪章魚之「中歐陸海快線」〉）的貨物吞吐雷同於血管輸送營養。

這是看得見的部分，看不見的是經絡與穴道運行，就像地鐵、高鐵……等基礎設施已形成綿密網格、互聯互通後，隨之而來的是氣血流暢、四通八達而神清氣爽。

根據歷史學家馬克‧萊文森（Marc Levinson）的說法，50年代集裝箱的普遍使用令「世界變小，但經濟變大」，那麼基礎設施建設所帶來之蛻變，則更將是空前、顛覆與充滿無限想像的。

其關鍵作用正如習近平2014年10月在「加強互聯互通夥伴關係」對話會上所指出：如果將「一帶一路」比喻為亞洲騰飛的兩隻翅膀，那麼「互聯互通」就是兩隻翅膀的血脈經絡！

所謂的基礎設施指的是：道路（含高鐵、地鐵、高速公路、空港）、橋樑、隧道、港口、油氣管道、網路電纜、水壩、電網……等，均為其組成部分，而從全球範圍來看，投資缺口極大，從而予一帶一路極為寬廣的用武之地。

就如同生長在深山裡的椪柑，在沒有產業道路通達之前，它只是無人聞問、幾乎沒有價值的樹上果實、產品而已，始終是「發芽→成長→成熟→落地腐敗→成為土地養料」的循環；但在道路開通之後，它就有望成為可以計算價值的商品，此足可說明聯通的重要性。之所以用「有望」形容，是因為也可能由於椪柑盛產、供過於求，使農民在多賣多虧、無法收回人工、運輸……等成本的情況下，寧願它爛在地裡也不採收，即「果賤傷農」。

以園區合作創造融合契機

　　鑒於設施互聯互通係跨越國境的海外事務，並非中國大陸一家說了算，需要與當事國進行縝密研商，以便讓對方充分瞭解必要的設施聯通所帶來好處、利益，從而同意相互配合，因此在設施聯通之前，便有了前提條件的政策溝通，雙方就出資比例、詳細規劃、建築施工、權利分配……等事宜，進行研議、達成共識，並組成專門機構予以必要的監督與管理。

　　等到基礎設施聯通完成，大大促進雙方貿易暢通，堪稱互蒙其利。

　　惟若只是國與國之間單純進行買與賣的商貿往來，顯然對新增就業及創造財富方面的效應相當有限，因此在聯通設施的規劃或興建過程中，兩方經磋商可根據實際需要，選擇適當地點投資設置產業工業園區、經濟特區 注1 或自由貿易區 注2 ，既可更好的降低物流成本、提升運作效率，亦能對彼此國家的經濟發展注入投資、消費、就業、生產……等新活力，可謂一舉數得！

　　說到底，一帶一路本身就是個巨大的、跨越國界的基礎設施項目，服務於各個陸海空路網上的工商業活動，進而成為全球最大之經貿合作服務平台。

三大融資平台發力護航

　　如此美意看似甚好，問題是一帶一路至少貫穿亞歐非三大洲，途中許多國家仍相當或相對貧窮、落後，一無技術、二無資金進行

相應建設，甚至連跨國「聯通」以利「移動」的基礎設施都缺乏財力支應，這個時候怎麼辦呢？如果換作別的國家或組織早已就此打住，不會再往下投入各種資源，以免血本無歸或造成無可挽回的損失。

這也是在此之前許多立意良善的國際計劃難以為繼、最終停擺的原因之一。

惟中國大陸卻逆其道而行，從源頭上協助解決資金問題，令許多原本觀望中的國家深感震驚與不可思議，亦為美國及部分親西方勢力一直以來對一帶一路正當性之質疑所在。

首先，中國大陸發起並邀請100個國家集資1,000億美元，成立「亞洲基礎設施投資銀行」 **注3** ，並自籌400億美元組建「絲路基金」 **注4** ，加上「上海合作組織開發銀行」 **注5** 共同作為融資平台，為一帶一路相關建設的資金融通需求「保駕護航」。

惟即便以客為尊的設想周到，卻未必足以保證其順利推進，畢竟人心難測。

「民心相通」最虛幻也最重要

由於無論是「政策溝通」、「設施聯通」、「貿易暢通」、「資金融通」之目的，均係以和平手段促成經濟全球化的有序、良性循環，因此如何事前取得各當事國人民在工程啟動之初的理解、支持，及一旦建設完畢、「閉環」形成之後的成果共享，進而使各國人民和睦相處、友好互助，便是重中之重，否則即使雙方政府同意

並啟動，仍然可能因為種種人為的變數橫生枝節，使工程受阻甚至淪為「爛尾」項目。

換言之，一帶一路關鍵五通之「民心相通」，在排序上看似殿後且虛幻、分量最輕，其實則最重！不可諱言，已經有部分在進行中的建設正是因為與當地居民溝通不暢、評估有誤、未深刻瞭解其社會及文化特質、背景，發生工程延宕甚至無限期停工的憾事。

當然，這其中也少不了美國及其周邊非政府組織 注6 的挑撥離間、利益誘惑、無端生事，憑空製造障礙與困擾，有些事後得到妥善處理與補救，算是不幸中的大幸，有些則至今仍然無力解決，不免令人感到痛心。

美國汙名化一帶一路以壓制中國大陸

那麼美國又是基於什麼原因，一直以來千方百計、從不間斷的到處在各種國內、國際公開或私下場合抹黑一帶一路？還為之貼上諸如：「中國版馬歇爾計劃」、「國家債務陷阱」……等聳人聽聞的標籤，以達到汙名化的目的，甚至費盡心機阻擋其盟邦或影響其威懾力所能及的國家加入一帶一路。

顯然，一帶一路不只是動了美國的乳酪，甚至把它的奶瓶都拿走了。誰說不是呢？霸權是一劑春藥，吃上癮了怎麼可能輕易放手？任何國家只要在軍事或經濟領域有所貼近，都將被美國視為假想敵。

自1894年美國實現「登頂」成為世界第一大經濟體，迄今已達

126年,過程中曾遭遇三個挑戰者,分別是蘇聯、日本、中國大陸;但凡成為世界第二大經濟體後,便不可避免的受到其來自經濟、金融、貿易領域的無情打壓,直到保持安全距離為止。

事實上,根據購買力平價計算的名義GDP,中國早在2015年就達到19.3兆美元,超過了美國的17.9兆美元;從這個面向觀察,美國對中國大陸的出手打壓時機,是晚而非早了。

1975年世界主要國家GDP

排名	國家	GDP總額(單位:億美元)	與美對比
1	美國	16889	100%
2	蘇聯	6859	40.60%
3	日本	4999	29.59%
4	西德	4380	25.93%
5	法國	3556	21.05%
6	英國	2368	14.02%

1995年世界主要國家GDP

排名	國家	GDP總額(單位:億美元)	與美對比
1	美國	76640	100%
2	日本	53340	69.60%
3	德國	25940	33.85%
4	法國	16110	21.02%
5	英國	12360	16.13%
6	義大利	11720	15.29%

2015年世界主要國家GDP

排名	國家	GDP總額（單位：億美元）	與美對比
1	美國	179681	100%
2	中國	113847	63.36%
3	日本	41162	22.91%
4	德國	33710	18.76%
5	英國	28649	15.94%
6	法國	24226	13.48%

　　放眼未來，我們可以預見美國是不會消停的，仍將以各種名目、理由、藉口，挑戰、挑釁一帶一路，並維持其一貫伎倆的「兵分三路」：既持續在國際間唱衰、宣講一帶一路陰謀論，及強力壓制各國參與其中，更險惡與無恥的是暗地指使受其資助的外國非政府組織，以「生態」、「環保」、「補償」之名，鼓動聯通工程項目所在地的居民發起抗爭，從而達到拖延「中國崛起」時間之暗黑目的。

美國利用「非政府組織」為非作歹

　　美國國務院自己就曾公開承認，「非政府組織」在其海外的各類行動中，發揮著至關重要之力量、作用。令人難以想像的是，這類組織的全球職工人數竟高達140萬之眾，這便可理解何以香港動盪不止？原因當然很多，其中很難不包括：不是香港太小，而是這

群專門鼓勵群眾造反、破壞社會和諧為樂（業），甚至發動顏色革命、顛覆政權，以達成政治勢力交付任務的壞分子太多（此處所指不含真正為生態、環保出錢、出力，沒有任何政治目的之善心人士）。

澳洲《金融評論報》曾在2020年2月15日發表名為〈使澳洲的中國看法轉變之智庫〉的文章，便披露成立於2001年的澳洲智庫「澳洲戰略政策研究所（ASPI）」之所以經常發表親美與反華觀點，從該智庫資金來源構成可一窺端倪：調查發現，該所年度總預算為900萬澳元，其中有57%是由外國政府和軍事承包商資助，且均與美國有著千絲萬縷的關係，顯然ASPI拿人手短，只能不斷抹黑中國大陸，以取悅幕後出資、提供奶水的藏鏡人、金主。

正這是美國以資助其他國家的所謂：智庫、媒體或人權組織之方式，達到散播謠言、製造對立、挑撥離間的慣用手段。就如同其曾擔任中央情報局（CIA）局長的美國國務卿蓬佩奧在一次大學演講中所提到的「中情局撒謊、欺騙、偷盜」，甚至得意洋洋的說：「我們還有完整的培訓課程……。」問題是，美國的政府部門真的只有CIA說謊、欺騙、偷盜嗎？我看不只，而中國大陸能做的只有「頭低低頂著鋼盔」，以一帶一路之「五通」為基石，不打口水戰、不作過多的辯解，逢山開路、遇水搭橋，讓時間證明一切。

注1　經濟特區：中國大陸的經濟特區誕生於70年代末、80年代初，成長於90年代。經濟特區的設置，標誌著中國大陸改革開放進

一步的發展。中國大陸共有7個經濟特區。

　　1979年7月，中共中央、國務院同意在廣東省的深圳、珠海、汕頭三市和福建省的廈門市試辦出口特區。1980年5月，深圳、珠海、汕頭和廈門改稱為經濟特區。1988年4月，設立海南經濟特區。

　　1992年中國大陸加快改革開放後，經濟特區模式移到國家級新區，上海浦東等國家級新區擴大改革，成為中國大陸新一輪改革的重要標誌。

　　2010年5月，中共新疆工作會議上批准霍爾果斯、喀什設立經濟特區。

注2　自由貿易區：是指簽訂自由貿易協定的成員國相互取消商品貿易中的關稅和數量限制，使商品在各成員國之間可以自由流動。但是，各成員國仍保持自己對來自非成員國進口商品的限制政策。有的自由貿易區只對部分商品實行自由貿易，如「歐洲自由貿易聯盟」內的自由貿易商品只限於工業品，而不包括農產品。這種自由貿易區被稱為「工業自由貿易區」。有的自由貿易區對全部商品實行自由貿易，如「拉丁美洲自由貿易協會」和「北美自由貿易區」，對區內所有的工農業產品的貿易往來都免除關稅和數量限制。

　　自2013年9月27日設立上海自由貿易試驗區以來，中國大陸目前有18個自由貿易試驗區。

注3　亞洲基礎設施投資銀行：簡稱亞投行（AIIB）。是一個政府間性質的亞洲區域多邊開發機構。重點支援基礎設施建設，成立宗旨是為了促進亞洲區域的建設互聯互通化和經濟一體化的進程，並且加強中國大陸及其他亞洲國家和地區的合作，是首個由中國大陸倡議設立的多邊金融機構，總部設在北京，法定資本1,000億美元。

2014年10月24日，包括中國大陸、印度、新加坡等在內21個首批意向創始成員國的財長和授權代表在北京簽約，共同決定成立投行。2015年12月25日，亞洲基礎設施投資銀行正式成立。2019年7月13日，亞洲基礎設施投資銀行（亞投行）理事會批准貝南、吉布地、盧安達加入亞投行，至此，亞投行成員總數達到100個。中國大陸持有亞洲基礎設施投資銀行股本占比為30.34%，投票權占總投票權的26.06%。亞投行成員占全球人口的78％，占全球GDP的63％。

注4　絲路基金：是由中國外匯儲備、中國投資有限責任公司、中國進出口銀行、國家開發銀行共同出資，依照《中華人民共和國公司法》，按市場化、國際化、專業化原則設立的中長期開發投資基金，重點是在一帶一路發展進程中，尋找投資機會並提供相應的投融資服務。

2014年12月29日，絲路基金有限責任公司在北京註冊成立，並正式開始運行，由金琦出任公司董事長。2017年5月14日，中共國家主席習近平在一帶一路國際合作高峰論壇開幕式上宣佈，中國大

陸將加大對一帶一路建設資金支持，向絲路基金新增資金1,000億人民幣。

注5　上海合作組織開發銀行：簡稱「上合組織開發銀行」。中國大陸總理溫家寶2010年11月25日在杜桑貝出席上海合作組織成員國第9次總理會議時，建議上合組織深化財金合作，研究成立上海合作組織開發銀行，探討共同出資、共同受益的新方式；擴大本幣結算合作，促進區域經貿往來。上海合作組織在多極化世界中已占居重要一席，其人口約15.816億人（占世界總人口的24%），若加上觀察員國的人口13.479億人，實際上合組織涉及的人口達28.029億人（占世界總人口的42.5%）。

注6　非政府組織：20世紀80年代以來，人們在各種場合越來越多地提及非政府組織（NGO）與非營利組織（NPO），將之看作在公共管理領域作用日益重要的新興組織形式。

　　惟非政府組織能否真正代表民意，及在多大程度上能成為民意的代表？是很不確定的。由於很多非政府組織並沒有健全的民主管理，個別領導人往往能對其起支配作用，況且政府、資本等各種力量是一些非政府組織建立和維持的主要推動力，所以，儘管非政府組織的確可以反映某種來自民間的呼聲，但對其是否反映真實的民意？還是要作具體而深入的分析和判斷的。

三、誘因

將「讓利」進行到底 —— 潛龍翻身之戰

眾所周知，國與國之間根本無公平、正義可言，只有利益的權衡與取捨。

2018年4月9日聯合國安理會專門召開「敘利亞化學武器」會議，該國駐聯合國代表巴沙爾・賈法里聲嘶力竭的怒斥以美國為首之西方國家野蠻侵略行為，並諷刺道：「這些化學武器好像長了眼睛似的，專門攻擊女人與小孩、從不找武裝人員……」云云，用以表明「敘利亞使用化武」是被栽贓、陷害的，但這說法有用嗎？聯合國是個說理還是比誰拳頭硬的地方？是人都知道，這場會議就是走個過場，為5天後（4月14日）凌晨美英法聯軍空襲、軍事打擊敘利亞首都大馬士革作鋪墊之用。

「蘇聯解體」是俄羅斯永恆之殤

當時賈法里自知無力回天，孤身一人垂頭喪氣、神情黯然地坐在會場一角的照片傳遍全世界，時時警醒著所有國家的領導人：國際現實與弱國無外交。

儘管事後證明所謂「化武襲擊」場景根本是西方操控的非政府組織「白頭盔」（原名敘利亞民防組織）所設計、擺拍，但那又如何？110枚導彈已攻勢凌厲的把大馬士革炸得面目全非！美國有為

此道歉嗎？從來沒有，因為類似的狀況實在太多，根本道歉不完，更何況美國的目的本來就是消滅不聽話的「巴沙爾政權」（好熟悉的場景，與誅殺伊拉克前總統海珊的戲碼如出一轍）。

關於國際現實與無情，曾遭「蘇聯解體」之痛的戰鬥民族俄羅斯總統普丁深有體會，在一次答記者問時，他借用沙皇亞歷山大的一句名言說得很到位：「俄羅斯只有兩個盟友——海軍與陸軍。」論及其他均無可憑恃，既炫耀其軍事力量的強大，亦凸顯國際關係的冷酷與功利。就如同俄羅斯為何力保敘利亞不惜與美國對幹？原因有很多，其中之一必然包括它在地中海的唯一港口塔爾圖斯港。

時間趨於緊迫，只能以「讓利」開路

類似的狀態與道理，中國大陸不是冤大頭，不可能只是為了「和平地球」、「與國為善」的理由，便無私提供寶貴的人才（力）、技術、資金、設備……等資源予他國有償或無償運用，必然有其在商言商的現實面考慮。

那麼是什麼呢？是基於「共商」、「共建」、「共享」之公平原則，遵循「五通」順序的互利共贏，方能促成合作。而問題在於何謂「公平」？不免各有見解與判斷，未必能達成一致，甚至可以這麼說：這個世界不存在真正意義的「公平」，任何交易都不可能像磅秤一樣「剛好公平」，總要有人吃點虧、有人占便宜些，那麼該讓誰或誰願意吃虧呢？

為了避免一帶一路之國家基本戰略受阻，予美國及其盟友更多

見縫插針的機會，中國大陸本諸「吃虧就是占便宜」的心態，以「不計代價」、「使命必達」、「擺明讓利」之模式進行溝通、協商，這使許多國家喪失拒絕配合的勇氣（中國版「馬歇爾計劃」之由來）。

　　其中具代表性案例之一的，便是「高鐵換大米」**注1**——2013年10月，中國主動提出用高鐵技術換取大米、橡膠等農副產品，以參與泰國廊開至帕西高鐵項目建設。這在當時是震驚世界的消息，與一向「強買強賣」、「不從就硬上」的美式風格形成鮮明對比。

　　尤其是房地產商出身的川普自2017年擔任美國總統之後，其強權做派與囂張氣焰尤烈！

　　在此之前，哪怕是「出兵」之類的霸道行事，至少還找些冠冕堂皇的說詞，以掩蓋真實目的與企圖，如此做法最佳形容詞是「偽君子」；而川普則根本是活脫赤裸裸的明搶！動輒「極限施壓」、明目張膽巧取豪奪，令各個國家對美國由尊重→敬畏→懼怕到不勝其煩，乃至轉向和「願意吃虧」的世界第二大經濟體中國大陸，尋求合作可能性，進而加入一帶一路行列。

川普是一帶一路的「神助攻」

　　因此可以這麼說：一帶一路一路走來雖磕磕絆絆，但整體來說仍呈順利推進之勢，成績不菲，除了「願意讓利」之關鍵因素外，功勞簿上少不了川普濃墨重彩的一筆及「神助攻」，他的當選簡直就是「天佑中華」（如果連任則未必）。

　　舉例以說明之。一向好大喜功、自吹自擂、總是往自己臉上貼金的川普口口聲聲怒懟所有國家都在占美國便宜，是時候該付出代價了。而這些莫名其妙「躺槍」者就包括它的亞洲最鐵盟友日本與韓國。除了逼迫這兩個國家多買美國貨、力爭貿易平衡之外，川普還強勢規定自2020年起，日本必須支付較之以往高出4倍的80億美元／年、韓國支付50億美元／年，作為軍事保護費，否則不惜撤守駐軍部隊。

　　對付軍事同盟的北大西洋公約組織更是毫不留情面，原本提出的要求是：29個成員國GDP的1%作為軍事預算，一看多數國家表示願意盡力配合，瞬間改口：不好意思說錯了，不是1%，是GDP的2%，令各國領袖為之氣結且深感匪夷所思！

「美國優先」將使美國沉淪

　　這就是「特不靠譜」的川普為了「美國優先」無所不用其極，問題是「你優先，誰劣後」呢？難道就你要跟自己的選民交代，梅克爾、馬克宏就不用嗎？因此各種經貿協商、溝通若非談判破裂，便是他國受辱簽訂「城下之盟」，畢竟國力擺在那裡，美國仍是迄今全球範圍內唯一的超級強國，但盟友間各懷鬼胎、離心離德便在情理之中，從而對中國大陸崛起及一帶一路推進，起到微妙的化學變化與促進作用。

　　平心而論，川普的說法與觀點未必有錯，某種程度上是合理而可信的。確實如此，美國在很長時間作為世界獨霸，承擔了許多國

際責任，包括為了保護盟國「安全」，在全球建立了超過400個海外軍事基地，投入大量財力、兵力，的確讓其盟國占盡便宜，別的不說，至少在防務開支上便大大精省，雖然有部分主權喪失、割讓之虞（韓國的「戰時軍事指揮權」由美國掌控），但整體而言還是划算的。

惟其中值得思考的關鍵點有二。

其一是美國海外大量駐軍之目的為何？難道不是以「保護」之名行「監管」或「擴張勢力」、維護霸權之實？其中便包括以「三道島鏈」圍堵中國大陸。

別看川普動輒以撤軍相要脅，好像美國派駐海外軍隊是被「逼婚」似的，實情是真叫他撤，他還萬般捨不得。

2020年初，美國以無人機發射導彈暗殺甫飛抵伊拉克準備開會的伊朗名將蘇萊曼尼，順便連同前去接機的伊拉克民兵組織指揮官阿布馬赫迪‧穆罕迪斯一併處死，引爆該國人民極度憤怒與群起抗議，伊拉克議會為平息眾怒、順應民意，全票通過要求美國駐軍撤離，這個時候美國就露出了本來的猙獰面目，一方面表示自己是受到伊拉克民眾支持的，離開會令他們失望，一方面聲稱已投入數十億美元建設基地，如要撤軍則伊拉克必須賠償。

這種「刀切豆腐兩面光」的滑稽說詞，令人哭笑不得，全世界大概也只有美國說得出口。

其二，長期以來美國作為「勇於承擔責任」的「帶頭大哥」，以「世界警察」自居，既愛管閒事也願意吃虧，哪怕應邀加入並主

導跨太平洋夥伴協定（TPP），美國也同意以「不對等關稅」讓其他參與國得到實惠（此即川普退「群」原因），各盟國占了便宜之後「吃人嘴軟，拿人手短」，自然唯其馬首是瞻，哪怕拿洗衣粉當生化武器栽贓式的「指鹿為馬」，一眾國家即使明知有詐，仍然甘為鷹爪跟著美國助紂為虐，興許還想著「大哥吃肉，小弟喝湯」的發點戰爭財（這其實是必然的參戰謀略之一）。

事實上，直到川普當選之前，美國還在到處撒錢，每年為184個國家提供480億美元的經濟支援，並為142個國家提供170億美元的軍事援助。

這正是美國長期以來能夠「號令天下」的原因之一與不二法門。

梅克爾發出「美國不再保護歐洲」之哀鳴

現在可好，川普擺出一副「親兄弟明算帳」的凶惡架勢，非但要把大家過去占的便宜「連本帶利」全吐出來，時不時還得接受其各種率性、有失國格的輕蔑與踐踏，其中「典型」則為日本首相安倍晉三「被川普擠出紅地毯」事件 注2 ，是可忍孰不可忍？終使各國認清現實，再繼續跟著美國混，前途暗淡甚至自取其辱。

德國總理梅克爾算是醒悟得比較早的。2018年4月，其訪美時遭到川普「拒絕握手」的羞辱與冷遇，返國後即發出「歐洲不能再指望美國保護」的悲鳴。於是越來越多的國家由原先的排斥→遲疑→觀望到改弦更張，嘗試與中國大陸親善。

菲律賓、新加坡、日本、韓國的「倒戈」，堪為其中表率。

日韓的變臉是容易理解的，畢竟面對川普的貪婪與蠻橫，光是一味地屈從與討好，換來的只會是打蛇隨棍上的無上限、無止境的敲詐勒索及輕賤。

關於這點，相信陪同川普打高爾夫球，竟失神在沙坑裡翻筋斗的安倍晉三，必然深有體會。

美國站在道德制高點譴責老杜

那麼一直以來與美國修好的菲律賓又是怎麼回事呢？要知道此國2014年初在美國授意下向《聯合國海洋公約》仲裁庭提交了近四千頁的訴狀，是掀起南海爭端 注3 的主力打手，曾讓中國大陸與東盟 注4 關係陷入了空前未有之緊張態勢，若非中國大陸縱橫捭闔、處置得宜，後果實在不敢想像。因此，菲律賓可以算是為美國狙擊、阻擋一帶一路推進，立下過汗馬功勞！

那麼美菲雙方又為何翻臉呢？說來也是美國多事、長臂管轄惹的禍。杜特蒂自2016年6月擔任菲律賓總統之後，對查禁毒品雷厲風行、毫不手軟，三年之內至少導致7000個毒販或疑似毒販被殺；這對以世界警察、人權衛士自居的美國來說，是不可接受的，於是頻頻對杜特蒂的鐵腕掃毒做法指手畫腳、提出嚴厲指責，甚至促使聯合國人權理事會通過決議（18個國家贊成、14個國家反對、15個國家棄權），將對菲律賓大規模查緝毒品過程中的非法行為進行調查。

這引起杜特蒂強烈不滿，怒指該決議「充滿政治偏見」。

中菲當前關係如膠似漆

當然，如前所述，國與國的親善往往有其現實與利益考慮，菲律賓並不可能只是因為與美國在毒品及人權上的觀點迥異，雙方便漸行漸遠。真正發揮關鍵作用的，還是杜特蒂洞悉美國除了拿菲律賓「當槍使」，且常態性干涉其內政外，並未在經貿上給予多少實質支持。

中國大陸則完全不同，尊重菲律賓主權，提供力所能及的幫忙（包括免費興建戒毒中心），兩相對照之下，誰靠譜？誰不靠譜？便無所遁形。尤其杜特蒂在2016年10月對華進行了里程碑式的訪問，與中國簽署了13項雙邊合作案，涉及經貿、基礎設施建設、毒品打擊、海上合作及民間交流，終使兩國友好關係全面恢復。

當然，緊接其後的「副作用」便是經貿合作的強力推進——

2016年中國大陸超越日本，成為菲律賓第一大交易夥伴，2017年菲律賓對華出口額增幅達8.4%，進口額增長8.1%；非但如此，中國大陸還是菲律賓最大投資來源國，對其基礎設施的改善，提供跳躍式助力。

新加坡終於回到華人陣營

至於新加坡的「反水」，則又是一段曲折離奇、只可意會，不可言傳的微妙轉換過程。

眾所周知，新加坡作為華人占到80%以上的「城市型」國家，長久以來與中國大陸的關係是保持距離的，時好時壞以「疏離」為主。

此應與其以彈丸之地發展成為人均收入達6萬多美元的已開發國家，且位居世界重要的金融中心與港口城市所帶來的尊榮及自豪感脫離不了關係；雖坐擁「金雞母」的麻六甲海峽關鍵位置，是70%以上中國大陸商船必經之地，卻身處長期貧窮的中國大陸之側，時有遭洗劫、欺壓或吞併的心理壓力，是可以理解的。

這就是它開放、提供給美國作為海外軍事基地的重要原因——尋求美國保護，以與中國大陸抗衡。

當中國大陸在南海建設島礁，最先向國際發聲，要求「域外國家」介入的，是新加坡；當形同鬧劇之「南海仲裁案」公佈前後，帶頭鬧騰要求中國大陸履行判決的，是新加坡。顯見其對中國大陸懷有深深之戒心與敵意。

那麼何以這幾年中新關係會發生如此翻天覆地的變化？從全面倒向美國，接著是兩邊押寶，然後逐步往中國偏移。

甚至2015年時，在一帶一路沿線的64個國家和地區中，新加坡竟占對中國投資總額的81.74%，而中國對新加坡投資也占到對沿線國家投資總額的35.21%，可見兩國關係的改善程度，包括其外長在2019年5月17日終於說了句公道話：「美國應該在制定全球規則方面給中國更大的話語權……。」云云，並無奈的喊出：「不要逼小國選邊站！」

　　2020年初，當部分國家被川普「帶風向」，對中國大陸抗疫多所無端指責時，其總理李顯龍也出面力挺中國大陸。

　　這些情況在過去是不可想像的。究竟是什麼帶來了改變？

　　一帶一路推進效果出乎預料的好，讓新加坡見獵心喜、積極參與，當然是部分原因。至於有關新加坡「不可明說」之目的，則容後再述。

　　總而言之，雖然國際之間的互動微妙且千變萬化，今天還稱兄道弟，明日便兵戎相見，已是「太陽底下無新鮮事」，但至少已足以說明一帶一路可兌現的、真金白銀的實質利益，遠大於川普口惠而實不致的華麗政治承諾，乃至各國已厭倦川普的無底線貪婪，於是甘冒得罪美國之大不韙，也要加入一帶一路的行列。

注1　高鐵換大米：即是用中國的高鐵技術換取東南亞國家的大米、橡膠等農副產品。2013年10月11日在曼谷發表的《中泰關係發展遠景規劃》中稱，中方有意參與廊開至帕西高速鐵路系統項目建設，且以泰國農產品抵償部分項目費用。

　　其中泰國每年向中國大陸輸出大米100萬噸（分5年支付）。按人均每天0.5公斤，就是100萬噸大米大陸人均吃一天半，但是由於是分5年支付，就是每年20萬噸，亦即5年內每年還不夠大陸人吃一頓飯。

　　這項交換本身價值不一定對等，但是中國大陸借此輸出的是高技術產品，對第三世界打出自己的品牌，具有一定的政治意義。

注2 安倍晉三「被川普擠出紅地毯」事件：2019年4月26日至27日，日本首相安倍晉三攜夫人出訪美國，再度與川普總統見面。不過川普在白宮會見安倍時，一張合影讓全球再度見證了尷尬一刻。

在美國駐日使館註銷的這張照片，是川普夫婦在白宮門前歡迎安倍夫婦時所拍。照片中，川普站在紅毯正中央，夫人蘭妮亞站在其右側，而安倍則完全站出紅毯之外，只有一隻腳踩在紅毯上，而其夫人昭惠則完全站在紅毯之外。

注3 南海爭端（南海仲裁案）始末：中國是最早發現、命名南沙群島，最早並持續對南沙群島行使主權管轄的國家。第二次世界大戰期間，日本發動侵華戰敗，《開羅宣言》和《波茨坦公告》及其他國際會議規定把被日本竊取的中國領土歸還，這自然包括了南沙群島。1946年12月，中國政府指派高級官員赴南沙群島接收，並派兵駐守。

南海主權歸屬之爭發端於20世紀後半期。從20世紀60年代開始，南海島礁及海域被一些周邊國家侵占，提出所謂「主權」要求並分割海域的有越南、菲律賓、馬來西亞和汶萊等國家。南海仲裁案即所謂「菲律賓控告中國案」，是一個臨時組建的仲裁庭，就菲律賓艾奎諾三世政府單方面提起的南海仲裁案進行的所謂「裁決」，其實質就是披著法律外衣的政治鬧劇。

注4 東盟（東南亞國家聯盟）：簡稱東盟（ASEAN）。現有10個

成員國：汶萊、東埔寨、印尼、寮國、馬來西亞、緬甸、菲律賓、新加坡、泰國、越南。總面積約449萬平方公里，人口6.54億（截至2018年）。秘書處設在印尼首都雅加達。

1967年8月8日，印尼、泰國、新加坡、菲律賓四國外長和馬來西亞副總理在曼谷舉行會議，發表了《曼谷宣言》（《東南亞國家聯盟成立宣言》），正式宣告東南亞國家聯盟成立。

延伸閱讀之一

驚心動魄的「中美貿易戰」

　　自從川普當選美國總統後，便以「長期吃虧」為由，除了在2017年1月退出「TPP」 **注1** 在內的各種國際合作組織之外，還對許多國家發起經貿談判，逼迫各國接受其「美國優先」的苛刻條件，以降低自身經貿困境。

　　美中貿易戰開打後，雙方歷經了13輪協商，方才達成第一階段協定的「中美貿易談判」，此一史詩級戰役最受國際關注，因為這是世界第一與第二大經濟體，歷史上首次發生真正意義上的非軍事對決，而且看起來這場戰爭還有得打，沒個三年、五年甚至更長時間恐怕也很難分出勝負。畢竟還有一帶一路在過程中發揮關鍵性的扭轉、攪局作用，使戰況更顯撲朔迷離、引人入勝，不像在此之前的日本由於屬「非正常國家」 **注2** ，基本上對美國的「敲詐勒索」只能逆來順受。

「待之以禮」被視為軟弱

　　相信美國在2018年3月8日宣佈將對中國大陸輸美鋼鐵製品加徵25%關稅、對鋁製品課稅10%時，肯定也認為中國大陸同樣不堪一擊，只消用提高關稅此一「賤招」，中國大陸必然瞬間丟盔棄甲舉白旗投降。這是中美貿易戰開打之初，川普敢於多次在公開場合信

心滿滿的狂妄表示：要把中國擊垮太容易……云云的根本原因。怎料「戰情」發展與2020年新冠肺炎疫情一樣，完全超出他的想像。

　　川普之前的底氣究竟從何而來？我判斷應與其2017年11月8日赴中國大陸進行首次國事訪問，習近平親自接待，中央電視台並轉播了其陪同川普參觀故宮的情景，給予極高VIP國賓禮遇；除此之外，雙方還簽署合作項目34個，金額高達2,535億美元，不僅創下中美經貿合作史，也刷新世界經貿史上的最高紀錄！

　　這下可好了，川普心想：我都還沒開口呢，中國大陸就「嚇得」投降、納貢，說明威懾力發揮了作用，回到美國後瞬即撕毀採購清單與合作協議，近乎瘋狂的提出各種無理條件與要求，包括：放棄進行高科技產品研發、不能強迫以市場換取技術轉讓、國家資本退出產業補貼……，大體上可以將之理解為：美國意圖把中國大陸壓制、鎖定在以傳統、低端、血汗工廠製造業為主的產業分工、地位，繼續為其提供物廉價美之民生必需品，然後再把賺到的美元回流到美國購買國債，如此周而復始的「堅守各自崗位」則相安無事，否則美國將祭出各種制裁手段，「變著法」的把中國打回原形。

「先禮後兵」是中國大陸的人之常情

　　從2018年5月3日啟動中美貿易協商第一輪談判開始，川普玩弄的手法從來沒變過，即「極限施壓」、「變本加厲」、「敵進我擋」、「敵退我進」，起初還是頗能占到些便宜的；畢竟川普是政治素

人，不曾在政壇上打滾、出沒，因此所有國家對其底細、路數並無清晰掌握，從而在協商之初，中國大陸不可避免的出現誤判，以為兩國只要誠信交涉，所有問題都能妥善解決，但談著談著他的馬腳就露了出來，搞了半天，對川普而言，談判只是逐步或跳級加碼、變本加厲的過程，目的並非測試底線，而是在大幅壓低甚至貫穿對手心理期望值的紅線，導致每一次中方感覺快達成共識了，談判代表各自返回覆命時，美國傳回來的消息總是「撕毀重談」，「出爾反爾、反覆無常、言而無信」（中國大陸外交部發言人華春瑩答記者問：「美方指責中國大陸不遵守承諾」之回應），一而再、再而三四，原本有心解決貿易逆差問題的中方也「忍無可忍便無需再忍」，從第9輪協商開始，就由中方扮演「玩人」角色，針對美國所提出的加碼要求，以「原則可行，帶回去研究」，讓美方以為中方已經服軟而放鬆警惕。

因為在此之前「原則可行」的內容大多得到落實，於是川普「飄」了起來，認為中國大陸也不過爾爾，還在白宮辦公室召開記者會，當著中方談判首席代表劉鶴（中國大陸副總理）及所有中外記者的面，宣告中美貿易談判達成協議應無疑義！小人得志之情溢於言表。

結果中方談判代表團返國後傳回美國的消息是：高層不同意其中部分條款，因此必須重新協商。這下把川普氣炸了，沒想到他被以其人之道還治其人之身。直到這個時候川普才真正明白，自己遇到的對手之老謀深算，跟其他國家的談判代表根本不在一個檔次。

中國大陸重挫川普銳氣

在一次中美貿易談判陷入僵局的記者問答中，他便語多無奈的表示：中國占盡了美國的便宜，但從來沒有哪個總統敢向中國發起挑戰，只有我川普敢這麼做，因為：我是「天選之子」！說罷還把頭抬起來、手舉高指向天空，狀態相當滑稽，與2018年挑起中美貿易戰一副勢在必得、攻無不克的趾高氣昂，完全不可同日而語！

事實上，「貿易制裁中國」的始作俑者並非川普，2009年美國總統歐巴馬便曾對從中國進口的輪胎產品實施高額關稅，同時利用公共資金來拯救美國汽車廠商。作為反擊與對等報復，中國宣佈對凱迪拉克產品進口關稅提高20%，此外也對在美國生產的Honda和BMW汽車提高了關稅，後經協商，雙方各自取消制裁。顯見歐巴馬比川普聰明，知道適時止損，而川普則是擅長玩「膽小鬼」遊戲 注3，動輒不惜以玉石俱焚示人，終將吃大虧。

那麼又為何在歷經13輪談判，最終於2020年1月15日能夠達成第一階段協定並完成簽署呢？其中則有一段「趣味性」過程。

鑑於中美雙方都認同短期內簽訂全面協議的可能已不存在，於是川普希望至少能分步驟、分階段達成與簽署，以利為其2020年之總統大選加分。

當然從中國大陸的角度未必樂見川普連任，因為他是個不按常理出牌的「麻煩製造者」，並清楚知道一旦中美達成哪怕是階段式協議，都會成為川普吹噓政績的最佳素材，還會順便踐踏中國、美化自己一番，故而對美方重啟談判的請求，有一搭沒一搭、能拖就

拖的敷衍著，直到2019年8月15日川普真的是坐不住了，直言：中國不希望我當選連任，這樣就可以在之後跟一個弱的對手談判。更惱羞成怒地宣稱將對5,500億美元中國大陸輸美商品，在過去關稅基礎上再提升5%，並煞有介事的表示：根據1977年頒佈的《國際緊急經濟權力法案》 注4 ，我有權命令所有在中國的美國企業全部撤離！

現在還不是與美國決裂的時間點

　　當然，任何一個腦袋清醒的人都不會把他這句話當真，畢竟中美貿易關係千絲萬縷，哪能說撤就能撤的？這可是個「全球化」的時代啊！

　　川普就曾當著蘋果集團掌門人庫克的面威嚇式的詢問：能不能把蘋果在中國的生產線全部或部分轉移回來？庫克的回答簡單、乾脆：不能。因為：在世界範圍內無法找到已形成完整供應鏈、可以集中量產的另一個中國！

　　因此不會有人認真看待川普「命令美企回國」的這番話，反而還會嗤之以鼻。最終在川普認清形勢，而中國大陸也不願過早與美國撕破臉、決裂的情況下，雙方重新坐回談判桌，並於第13輪溝通後，促成第一階段協議之簽訂。

　　該協議內容包括9個章節，涉及智慧財產權、技術轉讓、食品和農產品、金融服務、匯率和透明度、擴大貿易、雙邊評估與爭端解決等。

考慮到「中美貿易戰」是兩國爭奪「國際話語權」的延伸，顯然將曠日費時，而此一狀況早已為中國大陸所掌控，因此「一帶一路」其中之重要目的，便是透過對沿線64個國家的市場開拓，逐步取代大陸輸美商品的份額，降低美國在中國大陸進出口貿易領域占有之比重，從而削弱其市場分量。

事實上，中國大陸對美國出口額近幾年正快速走低，而不是「已然位列歐盟與東盟之後，退居第三矣」，那麼簡單。

注1　TPP（跨太平洋夥伴協定）：重要的國際多邊經濟談判組織，前身是跨太平洋戰略經濟夥伴協定，是由亞太經濟合作組織成員國中的紐西蘭、新加坡、智利和汶萊四國發起並邀請美國參加，原名亞太自由貿易區，旨在促進亞太地區的貿易自由化。2016年2月4日，在紐西蘭奧克蘭，由TPP12個成員國代表參加簽字儀式後正式成立。

2017年1月23日，美國總統唐納・川普在白宮簽署行政命令，退出TPP。

2017年11月11日，日本與越南在越南峴港舉行新聞發佈會，共同宣佈除美國外的11國就繼續推進TPP正式達成一致，11國將簽署新的自由貿易協議，新名稱為「跨太平洋夥伴全面進步協定」（CPTPP）；該協議已於2018年12月30日正式生效。

注2　非正常國家：日本等國因為特殊歷史因素，無法享有完整主

權、憲政體制與國際外交，被稱為「非正常國家」。

　　國家正常化的呼聲，最早出現於二次戰後的日本。因為戰敗，日本由美國託管，日本憲法限制了他們發展國防軍備。駐紮在日本境內的美國軍隊也被部分日本人視為侵害主權的象徵。同樣曾由美國駐軍的韓國，也出現過國家正常化的呼聲。

注3　「膽小鬼」遊戲（Play Chicken）：是在國際政治學中一個很有名的理論。大致的內容是，衝突雙方就像兩輛在同一車道上相向而駛的汽車，如果雙方都為了顯示自己不懼衝突的姿態而拒絕讓路，結局就是迎頭相撞，兩敗俱傷；如果一方在最後關頭選擇退讓，選擇退讓的一方會被視為「膽小鬼」，聲譽受損，不過卻避免了慘烈的衝突和更大的利益損失。

注4　《國際緊急經濟權力法案》（IEEPA）：美國在1977年立法通過。該法在國家經濟面臨緊急情況時，賦予總統更大權力來應對「非常規與特殊威脅」，授權總統可單方面宣佈對投資實行限制。該法以往主要被用來對朝鮮和伊朗等國實施制裁。9‧11後，美國廣泛使用IEEPA來對其他國家實施制裁，以切斷恐怖分子網的融資。

延伸閱讀之二
八爪章魚之「中歐班列」

從2011年3月19日首列「中歐班列」（重慶～杜伊斯堡，渝新歐國際鐵路）成功開行，截至2020年3月，已發車班次超過1,2000次、行駛線路達65條，穿行歐洲15個國家的44個城市，累計運送貨物約100萬標箱。看似表現相當出色，其實中歐班列初期因運費高、線路少，導致班次稀疏，始終是在虧損經營的狀態。

中歐貿易穩步增長

直到2014年3月中共國家主席習近平前往歐盟進行訪問時提出：中歐雙方應該將簡單買賣型貿易合作，提升為各領域聯動的複合型經貿合作，力爭早日實現年貿易額1兆美元的目標。從而使主營亞歐商品運送的「中歐班列」，進入人們的視野，並被寄以厚望。

不負期待的是，透過這幾年的努力，2019年中歐貿易額已突破7,000億美元，遠超當年5,591億美元。事實上，「中歐班列」的開行不僅為中國大陸商品「走出去」、歐洲商品「引進來」創造龐大機遇，更為中國大陸與歐亞國家開展包括產能在內的各種合作與投資，搭建起平台、橋樑。目前中國大陸在歐盟直接投資設立的企業超過3,200家，僱用外方員工近26萬人，涵蓋了歐盟的所有成員國。

2000年的駝鈴聲再響

「中歐班列」不動聲色、默默執行著中國大陸與歐洲之間的進出口商品輸送，有如2000年前行走在絲綢之路的駱駝商隊，為亞歐兩大洲的貿易及交往，承擔不可或缺的關鍵角色，並正以飛快速度不斷拓展新的路線。

以下是其中具里程碑意義的班列起始地與時間。

- 2014年11月18日，連接「世界超市」義烏和歐洲最大小商品集散中心馬德里的「義新歐」中歐班列首發。原先通過海運需要近兩個月的時間，現在只需20天可達。

- 2018年4月27日，中歐班列首次抵達維也納。這是中歐班列（武漢）首次延伸至英國倫敦。

- 2018年9月4日，兩趟由中國大陸山西始發的中歐班列，先後駛入德國杜伊斯堡鐵路貨運中轉場站。這是來自山西的中歐班列首次抵達杜伊斯堡。

- 2018年9月28日，一列裝載景德鎮陶瓷、茶葉等產品的集裝箱貨物列車，從江西景德鎮東站駛出，前往俄羅斯莫斯科。這是「千年瓷都」景德鎮開出的第一趟中歐班列，也是景德鎮瓷器和茶葉第一次搭乘中歐班列「出國」。

- 2018年12月10日，一趟裝載著農產品、汽車零配件等貨物的班列，從湖北十堰火車站發車駛往歐洲，這標誌著「十漢歐」國際貨運班列順利開通。

- 2019年1月12日，中歐班列（鄭州）去程和回程班列首次抵

達綏芬河口岸，從此中歐班列繼阿拉山口、二連浩特、霍爾
果斯、憑祥之後，另一條重要出入境通道開通。

‧2019年4月4日，首趟盧森堡至成都中歐班列在盧森堡迪德朗
日鐵路場站出發。

‧2019年10月9日，中歐班列「世界電子貿易平台（EWTP）
菜鳥號」首趟班列，從浙江義烏鳴笛啟程。

‧2020年2月17日，中歐班列由南昌（向塘）國際陸港橫崗站
發出，駛往俄羅斯莫斯科和白俄羅斯明斯克。

‧2020年2月22日，中歐班列從廈門自貿片區海滄園區開出，
它將沿著這條「鋼鐵絲路」跨越亞歐大陸直達德國漢堡。

鋼鐵長龍跨越亞歐

現在從中國大陸任何一個城市，都可以通過三條通道、四個主
要口岸——西通道的阿拉山口、霍爾果斯（新疆）；東通道的滿洲
里（內蒙古）；中通道的二連浩特（內蒙古）經過中亞，白俄羅斯、
俄羅斯，到達歐洲任何一個國家（廣西憑祥口岸主要功能是將東南
亞貨物輸往至歐洲）。

中歐班列橫穿歐亞陸橋，一方面比海運節省三分之二運輸時
間，使得貨物周轉運輸時間大大縮短；二方面避免「島鏈封鎖」帶
來之不可測變數，為中國大陸與歐洲之間，開闢了一條安全、高
效、便捷的外貿直通車。

在眾多班列裡，其最具特色與指標意義者，非「義新歐」莫

屬。這輛在義烏首發、止於西班牙馬德里的班列，僅僅需要20天，便能將滿載著箱包、工藝品、五金工具、內衣等義烏小商品，擺放在西班牙各大城市的貨架上。

一個縣級市之「中歐班列」傳奇

根據資料顯示，「義新歐」創下了「中歐班列」的五個第一：

一是運送線路最長。比本來線路最長的「蘇滿歐」班列（全程11,200公里）還長1,850公里，達1,350公里。

二是途經國家最多。除了中國大陸，哈薩克、俄羅斯、白俄羅斯、波蘭、德國外，還增加了法國、西班牙，合計8個國家，幾乎橫貫全部歐亞大陸。

三是穿過大陸省份最多。從浙江動身橫貫東西，通過安徽、河南、陝西、甘肅，在新疆阿拉山口口岸出境，合計6個省（自治區）。

四是境外鐵路換軌次數最多。除了在哈薩克、波蘭兩次換軌，還須在法國與西班牙接壤的伊倫，進行第三次換軌。

五是與首批列入中歐班列序列的重慶、成都、鄭州、武漢、姑蘇城市相較，義烏是唯一註冊中歐班列的縣級城市。

無懼疫情，逆勢成長

中國大陸卯足勁推廣「中歐班列」，堪稱不遺餘力。為了確保貨物運量，以國家補貼方式強化其競爭優勢，而鐵路原本就比海運

快捷，加上補助之後，更是「如虎添翼」。

在2011年之前，一個集裝箱通過海運從中國大陸到歐洲，耗費時程33天，費用大約是3,000美元，而通過鐵路雖然時間節省近半，但資費達6,000至8,000美元，顯示鐵路運輸雖快但偏貴，這也是如前述中歐班列開行之初，市場反應並不理想的原因。

惟自2014年開始，每個集裝箱大約補貼4000美元，於是在運輸時間上比海運節省3/4，在價格上只有空運的1/5（以上為經政府補貼後之價格），較公路運輸安全性好，且綠色環保的中歐班列，就成了運輸行業趨之若鶩、人人爭搶的「香餑餑」。

即使是在新冠肺炎疫情猖獗的2020年第一季，中歐班列仍開行1,941列，同比增長15%，發送貨物達17.4萬標箱，同比增長18%。凸顯這列「東方快車」已然成為極具經濟價值的「火車頭」。

目前，日本、韓國等也都對中歐班列運輸其高附加值產品到歐洲表現出極大的興趣。因為，將產品從日本、韓國運輸到連雲港、天津等港口，再通過中歐班列運輸到歐洲，相比海路運輸將節省15至20天的週期。因此，中歐班列有望發展成為東亞通往歐洲的新的商品運輸大動脈。

延伸閱讀之三

八爪章魚之西部「陸海新通道」

　　一帶一路的基礎價值或深獲國際好評與青睞之處，歸根結柢是創造及加速互聯互通效應，極大的降低時間、資金及勞務成本。

「南向通道」橫空出世

　　以此觀之，顯然僅靠中歐班列是遠遠不足的，於是更具想像空間的「陸海新通道」及「中歐陸海快線」便應運而生（「中歐陸海快線」另文探索）。

　　茲將「陸海新通道」之來龍去脈，簡要概述如下：

　　2015年11月7日，中國大陸與新加坡簽署政府間合作協定，啟動「中新（重慶）戰略性互聯互通示範項目」，由於主要動線係由西部貫通至南部出海，因此又稱為「南向通道」。

　　何謂「南向通道」？即「渝桂新」南向通道，是指在海上與東盟9個國家相連，在陸上與中南半島的7個國家相連，這些國家與中國大陸合力建設交通通道，亦有利於帶動經濟走廊建設。

　　2017年9月25日，西部南向通道鐵海聯運班列正式開通。從此，中國大陸西部到新加坡等東南亞國家的時間，比過去至少節省10天以上。

　　2018年11月12日，中共國務院總理李克強和新加坡總理李顯龍

共同見證兩國簽署《關於中新（重慶）戰略性互聯互通示範項目「國際陸海貿易新通道」建設合作的諒解備忘錄》，自此「南向通道」正式更名為「國際陸海貿易新通道」，簡稱「陸海新通道」。

捨遠求近的南向通道

2019年8月，中共國家發改委正式發佈《西部陸海新通道總體規劃》，西部「陸海新通道」上升為國家戰略。而重慶作為通道建設的發起者和倡導者之一，按照既定規劃與結合重慶實際，制定了《實施方案》。

其中明確了總體目標：到2025年，經重慶兩條主通道集裝箱運量將達到30萬標箱；鐵海聯運班列、國際鐵路聯運班列、跨境公路班車開行數年均增長超過15%；通道沿線國家（地區）客貨運航線達到50條；建成與東盟國家產業合作示範區3個。

到2035年，西部「陸海新通道」將全面建成「重慶引領區域協調發展和帶動西部發展」的新格局。

南向的出海通道到底有多重要？

以四川為例，目前四川的大宗貨物主要經長江水道，從上海再經新加坡出海。南向通道打開之後，經貴州從廣西北部灣港口經麻六甲海峽出海，里程節省1,000多公里，時間節省近三分之二。

再以重慶為例，大陸西部各省市集貨到重慶樞紐點，從重慶經長江航運出海是2400公里，運輸時間超過14天。而重慶經鐵路到北部灣港口約1450公里，運距距離縮短950公里，運輸時間只有2天。

如果從蘭州向南到新加坡，比向東出海時間節省5天左右，陸海運距縮短約一半。

事實上，西部省市打通南向通道，其目的不僅在於挖掘臨近的東盟國家市場，更重要的是，開闢了一條與太平洋國家進行經貿往來的方式，如：通過廣西出海，四川省可以與新加坡、美國等國家有新的合作機會。

與中歐班列同為「黃金雙翼」

陸海新通道是中國大陸優化區域開放佈局、謀劃新一輪「西部大開發」作出的重大決策。鑒於西部地區大多數是東西向通道，南向通道的開通，將形成中國大陸西部地區的第一條南北向的縱向大動脈。該通道縱貫大陸西部12省（區、市）及海南省，以重慶為運營中心，廣西、雲南、貴州、四川、重慶、甘肅、青海、新疆、陝西等西部相關城市為關鍵節點，強力構建西北部一條向南出海的大通道。

陸海新通道利用鐵路、海運、公路等運輸方式，向南通達新加坡等東盟主要國家，並進而輻射澳新、中東及歐洲等區域；向東則連接東北亞、北美等區域；向北與重慶、蘭州、新疆等地之中歐班列連接。是西部實現與東盟及其他國家區域聯動和國際合作，有機銜接一帶一路之複合型對外開放通道。

簡言之，陸海新通道北接「絲綢之路經濟帶」，南連「21世紀海上絲綢之路」和東南亞地區，中間則串聯長江經濟帶，與中歐班

列相輔相成，有如一帶一路日行千里的黃金兩翼。

雙路合一，所向披靡

「中歐班列」＋「陸海新通道」顯而易見的優勢，是把原本局限於中國與歐洲的固定運輸路線，透過陸海聯運，擴充至亞洲與歐洲甚至美洲的更多地理範圍，大幅提升一帶一路之產業鏈價值。

以實際案例說明。韓國LG集團越南工廠生產的電子產品，經陸海新通道抵達重慶，再通過中歐班列運抵歐洲；德國、比利時的貨物通過中歐班列和陸海新通道運抵東南亞市場，並分銷至日本、韓國等東亞國家……。

凸顯陸海新通道與中歐班列同為一帶一路重要組成部分，甚至兩者已無縫對接並合而為一。

目前越來越多的汽車製造商如：BMW、Volvo、保時捷、奧迪、長城汽車……等，通過中歐班列與陸海新通道，進行整車和零部件的進出口貨運。

事實上，不只是汽車產業，由於運輸時長的大幅縮短、效率明顯提升，為眾多企業與產業帶來全新的發展機遇。顯見「唯快不破」者，何止天下武功，國際競爭尤其如此！

截至2019年9月底，西部陸海新通道目的地已涵蓋新加坡、日本、澳洲、德國……等，全球90個國家和地區的190個港口。

八爪章魚之「中歐陸海快線」

在一帶一路之互聯互通領域，還有一條更加神乎其技的路線，它完全不在中國大陸的國境之內，卻發揮極大之一帶一路的運輸與黏合作用，它就是2017年通車、先海路再陸路，貫通中東歐的「中歐陸海快線」。

中歐關係已密不可分

中國大陸與歐盟在過去30年來在貿易與投資方面，始終保持穩健增長，兩者堪稱是全球最具代表性的新興市場國家和發達國家集團，經濟總量占全球的三分之一，人口相加占世界的四分之一。2014年中歐貿易額超過6,150億美元，成為中國第一大貿易夥伴（中國則是歐盟的第二大貿易夥伴），到了2019年更突破7,000億歐元（7,051億美元），成績驚人。更關鍵的是，發展空間寬廣與前景值得期待。

以往中國大陸商品通過海路運往歐洲的傳統航線，要經過麻六甲海峽、孟加拉灣，穿過印度洋繞過好望角，縱向穿越整個南大西洋，路經西非海岸，最終到達歐洲腹地。大部分是先運抵鹿特丹、漢堡、安特衛普等主要港口，再分送到歐洲的其他地區，路途既遙遠、周折也曠日費時，說明開闢通往歐洲新航線實屬當務之急，尤

其在中美貿易摩擦不斷升溫的大背景下，更顯迫切。

事實上，中國大陸和中東歐16國早在2012年就已建立起「1+16」的合作機制，各國總理每年舉行會晤，探討相互間共同發展的可能性。於是在2014年12月，中共總理李克強參加第三屆中國中東歐國家領導人會晤時，不失時機的提出打造中歐陸海快線的構想，當即贏得包括：塞爾維亞總理武契奇、匈牙利總理歐爾班與馬其頓總理格魯埃夫斯基的一致同意，堪稱開了個好局！

收購比港使優勢疊加

中國大陸充分利用收購比雷埃夫斯港（被譽為「歐洲南大門」的希臘最大港口，於2016年被中國遠洋海運集團收購。目前該港已經成為中歐商品海運和陸運的銜接點）的優勢，加之各國的積極配合，連通中國大陸與中東歐地區貨物聯運的「中歐陸海快線」，於2017年1月29日正式開通。

中歐陸海快線起始於希臘比雷埃夫斯港，途經北馬其頓、塞爾維亞，到達匈牙利、奧地利、捷克及斯洛伐克等廣大中東歐內陸地區，直接輻射人口3,200多萬，是遠東到歐洲的第三條貿易新通道，實現了「21世紀海上絲綢之路」與「絲綢之路經濟帶」的有效對接，並意味著從中國通往歐洲海運的貨物將縮短至少7到11天運輸時間。

尤其值得一提的是，其效益很快得到驗證：2018年在全球貿易增速放緩情況下，中國與中東歐國家貿易額同比增長21%，達822

億美元,創歷史新高。

特殊時期更顯「通道」優勢

2020年3月份,新冠肺炎在中歐地區爆發,為抑制疫情蔓延,歐洲多國採取嚴控流動、關閉邊境等措施,奧地利、捷克、斯洛伐克、匈牙利政府幾乎同時宣佈國家處於緊急狀態,整個區域工商業活動瞬間停擺,各國間的公路通道全部封閉,物流運輸受到嚴重影響。

就在這個特殊時期,中歐陸海快線發揮通道作用,業績不降反升,當年1～4月份,業務實現貨運量同比增長52%、開行班列數同比增長53%。

顯然中歐陸海快線的建成,為中國大陸對歐洲出口和歐洲商品輸華開闢一條新的便捷航線,後續爆發力值得期待。

據悉,目前世界上一共有三條橫貫亞歐的貿易運輸通道,其一,是傳統的從東亞經南中國海、印度洋、蘇伊士運河、地中海到達西北歐港口的海運路線;其二,是從中國出發經過中亞、俄羅斯、東歐到達歐洲腹地的貨運班列。其三,就是中歐陸海快線,它以「陸海聯運」,即海運集裝箱抵達比雷埃夫斯港後,通過匈塞鐵路抵達奧地利、捷克、波蘭等中歐國家。

參

一帶一路的規劃藍圖與核心價值

一、規劃藍圖

形成亞歐非鐵板一塊 —— 只要「市場」拒絕「戰場」

眾所周知，一帶一路意在借用中國古代絲綢之路的歷史符號與圖騰，乃至行進路線互聯互通的時代意義，重塑與沿線國家的經濟合作夥伴關係。

惟其實質卻並非專指「一條帶」與「一條路」，而是由數條陸路與海路及各種設施共同建構的綜合體，其中包括：相關基礎設施、六大經濟走廊、海底電纜、油氣管道、亞投行、絲路基金乃至「中歐班列」、「陸海新通道」、「中歐陸海快線」……等重要、關鍵項目；而這還只是國際的部分，其與大陸內部無縫對接的則包括：城市群發展（袖珍版的一帶一路）、高鐵路網、長江經濟帶、長三角一體化，乃至與「民心相通」具關聯之活動及具「窗口」性質的「中國國際進口博覽會」**注1**，甚至懲處「老賴」（即所謂「失信被執行人」）建立信用意識，在我看來都是「一帶一路」戰略部署之軟硬體的組成部分；畢竟「人無信不立」，事涉國際商務尤其如此，硬體做得再好，缺乏互信基礎，一切枉然。

「亞歐非大市場」可望形成

對照古今絲綢之路的主要差別在於當時的目的非常單純，以商貿往來、以貨易貨為主，考慮的是經濟利益與財富效應；而今天的

絲綢之路從商業角度、往大的方面看，是基於全球化發展已面臨瓶頸，需要新的經濟增長點，以創造國際間更好的生存與營商環境；往小的方面說，中國大陸內部「去庫存」壓力也確實可以因此得到有效釋放。

2015年3月28日，中國大陸國家發展改革委、外交部、商務部聯合發佈詮釋一帶一路重要與主要內涵，名為〈推動共建絲綢之路經濟帶和21世紀海上絲綢之路的願景與行動〉的權威文件（詳見附錄），明確了一帶一路所覆蓋的地理範圍與相應規劃，在此擇其要點簡述如下：

「一帶一路」貫穿亞歐非大陸，一頭是活躍的東亞經濟圈，一頭是發達的歐洲經濟圈，中間廣大腹地國家經濟發展潛力巨大。

「絲綢之路經濟帶」重點暢通中國大陸經中亞、俄羅斯至歐洲（波羅的海）；中國大陸經中亞、西亞至波斯灣、地中海；中國大陸至東南亞、南亞、印度洋。

「21世紀海上絲綢之路」重點方向是從中國大陸沿海港口過南海到印度洋，延伸至歐洲；從中國大陸沿海港口過南海到南太平洋。

根據「一帶一路」走向，陸上依託國際大通道，以沿海中心城市為支撐，以重點經貿產業園區為合作平台，共同打造新亞歐大陸橋、中蒙俄、中國大陸—中亞—西亞、中國大陸—中南半島等國際經濟合作走廊；海上以重點港口為節點，共同建設通暢安全高效的

運輸大通道。中巴、孟中印緬兩個經濟走廊與推進「一帶一路」建設關聯緊密，要進一步推動合作，取得更大進展。

茲將來自官方資料的「六大經濟走廊」所經區域、效應、目的說明如後。

一帶一路戰略中的六大經濟合作走廊：

（一）中巴經濟走廊：主要涉及中國大陸和巴基斯坦兩個國家，主要路線為新疆烏魯木齊－喀什－紅其拉甫－巴基斯坦蘇斯特－洪紮－吉爾吉特－白沙瓦－伊斯蘭堡－卡拉奇－瓜達爾港，全長4625公里。中巴兩國政府初步制定了修建新疆喀什市到巴方西南港口瓜達爾港的公路、鐵路、油氣管道及光纜，覆蓋「四位一體」通道的遠景規劃。

（二）孟中印緬經濟走廊：涉及孟加拉、中國大陸、印度和緬甸四國，主要路線是從中國大陸西南地區出發，連接印度東部、緬甸，最終連接孟加拉。孟中印緬經濟走廊將成為連接太平洋與印度洋的一座橋樑，打造「經濟走廊」能夠通過四國，延伸帶動亞洲經濟最重要三塊區域。

（三）新亞歐大陸橋：又名「第二亞歐大陸橋」，是從江蘇省連雲港市到荷蘭鹿特丹港的國際化鐵路交通幹線，大陸國內由隴海鐵路和蘭新鐵路組成。大陸橋途經江蘇、安徽、河南、陝西、甘肅、青海、新疆7個省區，到中哈邊界的阿拉山口出國境。出國境後可經3條線路抵達荷蘭的鹿特丹港。中線與俄羅斯鐵路友誼站接

軌，進入俄羅斯鐵路網，途經斯摩稜斯克、布列斯特、華沙、柏林達荷蘭的鹿特丹港，全長10,900公里，輻射世界30多個國家和地區。

「新亞歐大陸橋」是連接亞歐兩大製造中心距離最短的陸路物流通道，它比西伯利亞大陸橋縮短了路上運距2,000至5,000公里，比海運距離縮短了上萬公里。同時，東北亞、中亞、中北歐不斷推進的產業分工合作為「新亞歐大陸橋」帶來了巨大的貿易驅動力。因此，「新亞歐大陸橋」將形成具有戰略意義的經濟走廊。

（四）中蒙俄經濟走廊：這條濟走廊分為兩條線路：一是從華北京津冀到呼和浩特，再到蒙古和俄羅斯；二是東北地區從大連、瀋陽、長春、哈爾濱到滿洲里和俄羅斯的赤塔。兩條走廊互動、互補形成一個新的開放開發經濟帶。「中蒙俄經濟走廊」東北通道連接東三省，向東可以抵達海參崴出海口，向西到俄羅斯赤塔進入「亞歐大陸橋」。

（五）中國大陸—中南半島經濟走廊：這條經濟走廊東起珠三角經濟區，沿南廣高速公路、桂廣高速鐵路，經南寧、憑祥、河內至新加坡，將以沿線中心城市為依託，以鐵路、公路為載體和紐帶，以人流、物流、資金流、資訊流為基礎，加快形成優勢互補、區域分工、聯動開發、共同發展的區域經濟體，開拓新的戰略通道和戰略空間。

（六）中國—中亞—西亞經濟走廊：這條經濟走廊從新疆出發，抵達波斯灣、地中海沿岸和阿拉伯半島，主要涉及中亞五國

（哈薩克、吉爾吉斯、塔吉克、烏茲別克、土庫曼）、伊朗、土耳其等國。

二、核心價值

亞歐經濟插上騰飛的翅膀

　　亦即一帶一路構成的互聯互通，將把以中國大陸為首之亞太地區的經濟引擎，與全球最大經濟體的歐洲進行「便捷化」聯結，形成海量大市場。不僅如此，一帶一路既為中國大陸東部與東南沿海城市提供產業「升級換代」的機遇，亦為中西部內陸邊陲之長期經濟不發達地區，提供僻壤變樞紐、加速對外開放、財富變現的空前商機。此一「你好，我好，大家好」的建設藍圖，之所以甫推出便引起世界震驚與強烈關注，就在於它並非只考慮單方利益，而是互蒙其利、合作共贏。

　　一旦按一帶一路規劃有序、有力的推動，全球經貿合作、互聯互通將達到前所未有的境界——歐洲企業在美國開發軟體，在亞洲製造，在中東進行後台管理，在世界各地與當地企業建立合資企業，負責維修和保險等售後服務。產業分工使各國相互依賴程度加深，並創造利益最大化，雖然也可能使金融制裁、網路攻擊或供應鏈中斷成為另類殺傷性武器，但無論如何，軍事對抗升級的成本將遠超以往，因為會立刻損傷本國在敵對國家的商業利益。

　　這點在大國之間更加明顯，「子彈會轉彎」可能「殺敵八百，

自損一千」（是的，指的就是中美貿易戰）。

　　由於國與國之間逐步演變的高度融合，勢將對促進「世界和平、扼止爭端」產生關鍵性作用，畢竟「你泥中有我、我泥中有你」，牽一髮而動全身，大家都是利益或損害攸關的第一、第二方（無旁觀局外人），以「戰爭解決爭端」便成了最後、最不得已或最不必要的選項。

　　換言之，衡量兩個國家關係穩定度的標準，未必是雙方貿易額，更非共同參與之軍事演習或聯合行動的次數，而是兩國相互投資、展業的深度與廣度。

　　事實上，以經濟利益降低或消弭發動戰爭的動力，是一帶一路初心之一，其連帶作用係使國家之間減少幸災樂禍、落井下石的惡行。

讓「甩鍋」成為歷史

　　畢竟當前世界類似的狀態仍普遍存在與發生。

　　2020年初新冠肺炎疫情全球肆虐，中國大陸在自身抗疫初見成效之後，便忙不迭的向超過150個求援國家如：柬埔寨、伊朗、俄羅斯、塞爾維亞、日本、韓國……等，輸送各種醫療物資，甚至比照之前「搶救武漢」模式，以「一省對一國」方式派出大量醫療專家團隊遠赴海外進行緊急救援。

　　反觀美國，即使連川普一向標榜的「股市政績」歷經十天破紀錄的四次熔斷 注2 ，經濟形勢奄奄一息、人心惶惶之際，仍不忘

對同受疫情之苦的伊朗、委內瑞拉甚至歐盟加大制裁力度，試圖使這些國家或經濟體加速崩壞，霸權用心之險惡，不言可喻。

當然，針對延誤疫情控制之失職，英、美、印等國家的「甩鍋」中國大陸之行徑，同為最佳反面教材。

習近平：小河有水，大河滿

誠如習近平在談及一帶一路時所多次指出的：我們為此做出全面深化改革的總體部署，著力點之一就是以更完善、更具活力的開放型經濟體系，全方位、多層次發展國際合作，擴大同各國各地區的利益匯合、互利共贏。及以「水漲船高，小河有水大河滿，大家發展才能發展大家。各國在謀求自身發展時，應該積極促進其他國家共同發展，讓發展成果更多更好惠及各國人民」。

強調唯有開放創新、互幫互助，才是國際合作的康莊大道，仗勢欺「國」、橫行霸道，終將自食惡果。

簡言之，一帶一路的核心價值與理念是：

1. 以「國」為本，尊重差異——求同存異，無優先劣後之分；
2. 擴大利基，促進共贏——設施互聯互通，創造利益最大化；
3. 協同發展，成果普惠——分享發展所得，而非獨家壟斷利益。

無遠弗屆的全球計劃

有專家預估一帶一路此一促進全球合作共贏的方案，可望於2049年基本建成，而我判斷按照目前推進速度及世界發展的勢頭

來看，至少提早9年至2040年便能趨於完善，但卻難言完成之日。

　　因為全球化透過「互聯互通」網格的快速形成，實現資源、生產、服務、消費的互補連接，世界正邁入升級換代之三「重」效應的顛覆階段──地鐵「重劃」城市版圖、高鐵「重置」城際距離、聯通「重構」全球樞紐。而新的互聯互通技術將層出不窮，使一帶一路進入順水推舟之全新境界。

　　以高速鐵路為例，目前對其定義是250公里／小時以上，而中國大陸正在研發且極有可能在2022年投產的「飛速鐵路」時速達1,200公里以上，屆時成渝、京津之間的往來只需3分鐘（單趟），用不著一根菸的時間。

　　這還是「飛鐵」的初步目標，第二階段提升至2,000公里／小時，用於中國大陸一線城市的串聯；第三階段更將提速到驚人的4,000公里／小時，約為音速3倍有餘，用於聯通一帶一路節點城市，屆時由北京到上海只需要20分鐘。

　　目前來看確實難以想像，但它也確實正在發生。

　　更何況一帶一路作為「包括但不局限於亞歐非三大洲」的全球計劃，不論是基於交通系統的效率提升、升級換代或其他四大洲國家的需要，同樣可以共商、共建、共享原則，與中國大陸一帶一路進行深度合作，進而重新繪製全球貿易地圖與格局。

　　如此一來，哪裡是2040或2049年可以基本建成，它必然在贏得更多國家支援與信賴的情況下，快速向世界延伸。

　　也就是說，2040年頂多是完成一帶一路的「跨洲樣板」，更多

樣的、更宏偉的、更不可思議的開發計劃，將在之後陸續誕生並付諸實現。

注1 中國國際進口博覽會：世界上首個以進口為主題的大型國家級展會，簡稱CIIE或進博會。由中國大陸商務部、上海市人民政府主辦，旨在堅定支持貿易自由化和經濟全球化、主動向世界開放市場。此係國際貿易史上的一大創舉，也是中國大陸主動對世界開放市場之重要舉措。

2018年是第一屆，每年均在上海舉辦。是中國大陸著眼於推進新一輪高水準對外開放做出的重大決策，有助於促進中國大陸經濟高質量發展，更好滿足人民生活需要。

注2 熔斷機制：也叫自動停盤機制，是指當股指波幅達到規定的熔斷點時，交易所為控制風險採取的暫停交易措施。2020年3月9日，紐約股市開盤出現暴跌，隨後跌幅達到7%上限，觸發熔斷機制，恢復交易後跌幅一度有所反彈縮小，收盤時紐約股市三大股指跌幅均超過7%。3月12日，美國三大股指在開盤後即遭遇暴跌。道瓊指數開盤狂瀉超過1,400點，標準普爾500指數下跌超過6%，導致美股第二次15分鐘熔斷停盤。3月16日，美國三大股指開盤暴跌，標普500指數跌逾7%，觸發熔斷機制，停盤15分鐘。3月18日午間，紐約股市暴跌再度觸發熔斷機制。

肆

一帶一路「可以直說」與
「不可明說」之目的

明修棧道，暗渡亞歐——標本兼治之謀略

一帶一路是個高瞻遠矚、城府頗深之稱霸攻略，從醞釀→籌備→規劃→成形→成熟，過程至少超過10年，推出市場之後，國際間的反應由「不屑一顧」甚至「落井下石」、「謾罵詆毀」到「驚訝稱奇」，然後「歎為觀止」，並最終積極參加。

有些人百思不得其解，如此大手筆「砸錢」到底意欲為何？於是出現各種說法與揣測。在我看來，中國大陸推動一帶一路的目的其實並不複雜，一般人多數隨便猜猜都能八九不離十（包括稱霸在內），而猜不著或猜不透的，正是那1/10的至關鍵、至隱蔽的玄機。

從「明面上」來說，基本分為「對內」與「對外」，對內的目的「無不可說」，對外的則有的「不可說」，有的「不可明說」。（參看延伸閱讀之五〈一帶一路肩負經濟、貿易、軍事、外交「四合一」使命〉）

一、一帶一路對內「可以直說」之目的

（一）緩解「去產能」壓力

中國大陸是泱泱大國，要讓14億人口吃飽飯都不是件容易的事，需要維持龐大的產業運轉與就業支撐，一旦國內或國際需求驟減，極易因為產品供給過剩而引起惡性競爭，進一步對經濟發展造成嚴重衝擊。

　　因此，中國大陸在2015年12月18日的中央經濟工作會議**注1** 便提出「三去一降一補」——去產能、去庫存、去槓桿、降成本、補短板五大任務。

　　當然，產能是否過剩？是有一套科學的衡量標準的，歐美國家主要以「產能利用率」或「設備利用率」作為評定指標。設備利用率的數值在79％～83％之間為正常，超過90％則產能不足，低於79％說明可能存在過剩現象。

　　目前中國大陸亟待「去產能」的行業包括：鋼鐵、水泥、電解鋁、汽車……等18個行業，平均產能利用率不到70％，其中鋁合金的全國產能利用率僅48％，部分地區甚至低至30％，可見去產能問題之嚴重與迫切。

　　明知產能已經過剩卻仍拚命生產，無異「作死」！這是外國人很難理解、想像的，如同20年前國際間就出現「中國崩盤論」的權威、專家聲音，結果呢？謬之千里。

　　要解構這個問題，可以從中央電視台前主播柴靜自己出資製作，於2015年2月28日播出的霧霾紀錄片《穹頂之下》找到答案。

　　影片中，柴靜採訪一位河北省環保單位的官員，以略帶點埋怨的口氣指責河北正是空汙來源。大意是：河北是鋼鐵工廠大省，製造的霧霾讓旁邊的首都北京動輒「灰頭土臉」，要到何時才能「重見藍天」？

　　這位官員無奈的回應：北京要天天「APEC藍」都很容易，只要把河北所有煉鋼廠等汙染行業全部關停就可以做到了。

講到這裡他若有所思的頓了一下，然後繼續說：問題是關廠容易，500萬工廠員工怎麼辦？背後可是500萬個甚至更多的家庭。大哉問啊！言盡於此，語多無奈。

　　這就很好的說明了對中國大陸而言，產能過剩在一定層面上，是「環境保護」與「社會穩定」之間的拉鋸、拔河，環保可以有商有量的從長計議，而維穩卻是一刻不能鬆懈，不容出絲毫差池的。也凸顯對外輸送過剩產能既可紓解國內壓力、達到社會穩定效果，亦有利於一帶一路之推進，協助周邊國家實現現代化乃至創收，一舉數得，何樂而不為？

　　惟據說那位河北環保單位的官員後來接受調查了，因為他講了不該講的大實話，犯了「政治不正確」的錯誤。

（二）引導企業出海「走出去」

　　首先要瞭解的是，企業「走出去」的意涵並非專指一般企業鑒於國內或國外市場需求趨於飽和，競爭無比激烈、利潤墜崖式下滑，於是隨著一帶一路向外擴展之腳步，跟著義無反顧的斬斷既有基礎，走出國門開創事業第二春。

　　正確的解讀應是利用「國家隊」——央企、國企打頭陣，甚至建立「保護傘」之契機，配合一帶一路前進軌跡，把公司業務也拓展到沿線國家，從而享受其所帶來的成果。

　　因此企業出海「走出去」最理想方式，是更好的把蛋糕做大，不再局限、拘泥於國內市場。如此既有助於中國大陸企業在經濟全

球化的國際分工體系中，占據有利位置，亦能解決在國內因供給飽和所帶來的價格拚殺之後遺症。

根據中國大陸商務部公佈之資料，2002～2015年中國大陸對外直接投資年均增幅為35.9%，隨著一帶一路穩步推進，2016年曾出現達44%的飛躍式增長，金額為1,830億美元，2017年則出現回落。之所以如此，一方面肇因於國際保護主義盛行、美國從中作梗，如：2019年9月由於美國外國投資委員會反對，中資企業（北京四維圖新科技公司）收購「Here」地圖10%股份的計劃泡湯……等多起跨國並購案遭擱淺。

另一方面，中國大陸2017年出台對外投資新規，限制企業在海外對房地產、俱樂部、酒店等領域的投資（「萬達條款」）。致使2018年中國大陸企業對外投資再降至1,300億美元，但仍連續數年高居對外投資的第二位（2018年第一名是日本的1,430億美元）。

說明在全球外國直接投資（FDI）連續四年降低的情況下，中國大陸雖調整、放慢了步伐，但「走出去」仍是堅定不移的決心。

（三）改善趨於嚴峻的就業形勢

　　中國大陸每年畢業的大學生人數逐年走高，2020年將達到約850萬人之眾。也就是說，社會每年必須增加不少於750萬個就業機會（扣除繼續求學的考研及暫時不打算求職者），而這還是大學生的部分，若加上高中（職）生的數量，每年新增工作需求不低於1,200萬個。

　　在經濟形勢良好、GDP雙倍數增長的情況下，這些都不是問題，甚至因為社會新鮮人根本供不應求，導致薪資成本不斷走高，企業仍感歎：人力缺乏、人才難求！

　　惟自2010年開始，GDP年度增速逐步下滑，2019年已然進入到「6」保衛戰（6.1%），2020年則不消多說（首次不設定目標），受

到新冠肺炎疫情的衝擊，各行各業堪稱哀鴻遍野，尤其是路邊門店生意更是慘不忍睹的兵敗如山倒。

一個真實而悲催的「笑話」是：某企業疫情期間按政府規定發出通告，把原訂開工時間的2月3日「繼續放假」至2月10日，沒隔多久又發通知，再「繼續放假」至2月20日。剛開始大家還是滿高興的，白賺了有薪假，雖然待在家裡哪也不能去，員工心態嘛，只要放假又有錢拿，就是好事。

但這個時候已經有些腦袋清楚的人心裡在打鼓了，再這麼放下去只怕要出大事了！果不其然，該企業發出的最後一張通知是，大家不用來上班了，公司已經破產倒閉、關門大吉！

具體事例則是一家擁有1,000家直營門店的餐廳（台資），受到疫情影響，總部做出「關店600家」的緊急處置，以止血療傷、斷尾求生，但這斷的是「尾」嗎？我看差不多斷到「頭」了。

雖然瘟疫並非常常有，只能算是偶發的特殊、極端事件，但勞工就業面臨越來越嚴峻的供過於求之困境，則是不爭的事實。

因此一帶一路試圖進行新的市場開發，創造更多的就業機會與職工「位」納量，以因應國內外包括新冠肺炎在內的各種常態或突發之經濟局勢變化，是其必然之目的與使命。

（四）培養、吸引更多國際商務企業與人才

隨著中國大陸崛起、壯大乃至融入國際社會，推動全球化的腳步加快，需要以「萬」為單位計的國際企業與人才。此一重責大任

單憑政府一己之力是無法完成的，而透過一帶一路各種跨國境之工程建設、援助計劃之運作，足以自然而然、循序漸進的方式，吸引與培養出許多瞭解沿線國家政治形勢、風土民情、產業發展……等方方面面之企業與人才，而這些都是用錢買不來的。

畢竟一個無可迴避的狀態是，國際化人才無法在國內、在課堂上培養，它不僅僅是語言、文字方面溝通障礙排除，更多的是心理活動的掌握，這就要求國際化人才必須具備足夠長的時間在國外生活、求學、就業之相關實踐經驗，方能充分理解外國人常用詞彙、思路，甚至肢體語言所代表的意義。

除此之外，他還要能同時掌握中國人之行事風格、思考邏輯、工作要求，因為唯有清楚知道、通曉雙方真實意思之表達，才能有效進行溝通，並順利完成交付任務，不致因誤解導致誤事。而一帶一路沿途經過至少64個國家，對國際人才渴求程度，可見一斑。

不難想見的是，一帶一路在各國互聯互通的建設項目開展過程中，毫無疑問可吸引市場上既有之「存量」，也能創造、培養更多「增量」之國際人才與企業加入，形成人才生成與運用的良性循環。

（五）壓縮「調結構、促改革」的空窗期

中國大陸自1978年改革開放 注2 以來，憑藉人口、土地、資源、政策紅利，以物美價廉商品、快速生產能力，創造了長達40年經濟高速增長的世界奇蹟！

　　惟以當前國內外經濟形勢來看，此一運作模式已不可持續。且不說以汙染換美金所帶來難以彌補的環境破壞是否划算？僅僅是人口步入老齡化（越來越多發達國家面臨此一困擾），勞動力市場勢將逐漸呈現短缺窘境（與大學生就業困境相互為用），加之快速走高的人員薪資成本，均使價廉商品無以為繼；而長期以來許多貿易商、生產廠家依賴甚深的出口退稅之政策補貼，與人民幣貶值創造競爭優勢，在中美貿易第一階段協定簽署之後，也變得不再可行。

　　顯然擺在傳統產業經營者面前的最下策與無奈之舉，只有三條「不歸路」可以選擇：結束營業、工人解散、工廠倒閉。事實上，這些年來很多老闆已經這麼做了，未來還會「後繼有企」（中國大陸中小企業平均壽命2.5年，美國則將近7年；美國每年倒閉的企業約10萬家，中國大陸約100萬家，剛好差一個「0」）；要嘛整廠往中西部人工、土地成本還相對偏低的城市遷移；要嘛將生產線全部或部分往中西部或海外戰略轉進；此為多數東南亞國家如：柬埔寨、越南、孟加拉……等，近幾年以其人口年輕化優勢，經濟發展突飛猛進的原因之一。

　　破釜沉舟的做法則是「升級換代」提高產品性價比、降低與節約成本，或同步相容，混用上述策略。

　　關鍵問題是，無論採取何種方式、方法以因應變局，都需要足夠的時間進行必要的部署、安排，這其中有人力（才）聘用與轉移、有廠房或辦公室規劃與地點確認、有機器設備搬遷或採購、有政局與風土民情的瞭解，乃至相關法令、法規的深度掌握，都是重

中之重！

　　凡此種種，均需耗費可觀的包括時間在內的人力、物力、財力成本，而時間不等人，足以使企業經營者一個頭兩個大。

　　一帶一路要做的是創造、提供更多的選擇與商機，以壓縮調整產業結構所需要耗費的時間，降低「空窗期」陣痛對經濟發展的傷害。

　　具體的做法是以更高效率在一帶一路沿線由大型央企、國企參建，共同經營的工業園區、經濟特區、自由貿易區內，尋找產業鏈對接口，完成、完善全球化或跨境營商佈局。

（六）均衡、改善區域發展失調之現況

　　鄧小平1992年南巡 注3 時提出了兩個「有中國特色的社會主義」之重要理論，其一是「不管黑貓白貓，會抓老鼠的就是好貓」，使當時充斥政壇的「姓資還是姓社」 注4 之爭論休兵；其二是「讓一部分人的先富起來」，建立受益城市排次、順序。

　　由於在東南沿海廣設經濟特區，使資源型生產要素全面向沿線港口城市集中、傾斜，經過40年的努力，造就了「小漁村」深圳經濟及其城市地位的極速竄升；造就了曾有「遠東金融中心」之稱的上海突飛猛進，並已毋庸置疑成為國際重量級金融與經濟中心，成績斐然；其他還包括：廣州、東莞、珠海、廈門……等城市，均創造令世界稱羨的經濟奇蹟。

　　反觀以新疆為首的西北部內陸區域，雖然在發達城市溢出效應

的帶動下，城市風貌、生活水準、家庭收入……等方方面面均有長足進步，但不可諱言，差距仍然非常明顯，有極大的成長與發展空間。

　　一帶一路的重要目的之一，便是調節西北部與東南沿海城市明顯落差，透過規劃興建包括：鐵路、公路、空路、油氣管道、互聯網路在內的聯通設施，使其原本的偏僻地理位置，一躍成為關鍵交通、物流、商貿節點之樞紐城市，從而大大改善、拓寬經濟發展空間，並帶來財富積聚效應。

　　事實上，這樣的模式同樣適用一帶一路沿線國家，如：寮國隔著湄公河與泰國相望，如果鐵路線和水電站的輸電線能貫穿這個曾經封閉的內陸國家，那麼寮國就有望成為泰國重要的電力供應方。凸顯區位與資源整合的重要性。

（七）分流對美國出口份額

　　美國之所以對來自中國大陸的進口商品採取大幅提高關稅之「制裁」，是因為中國大陸對美國的巨額貿易順差所導致（至少表面上是如此，其實明眼人都知道這只是最弱小的動機）。以川普發起中美貿易戰前的2017年來看，中國大陸對美出口5,056億美元，進口1,303.7億美元，實現貿易順差3,752.3億美元，金額確實相當龐大。

　　但從中國大陸的立場來看，這其中包括了大部分利潤並不與之相關的轉口貿易，及並未將中國大陸長期維持逆差的中美「服務貿

易」計入的結果。同以2017年為例,包括:智慧財產權在內的服務貿易,中國大陸逆差達541億美元。因此如公允計算,中國大陸對美順差其實在2,800億美元之譜,並沒有美方所故意宣傳的那麼誇張、嚇人。

中美歷年貿易數據

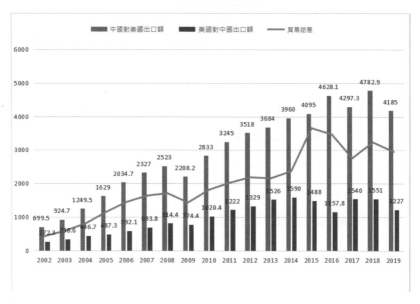

但這些對川普而言並不重要,因為貿易戰與制裁的目的,本來就並不純粹只是為了降低兩國的貿易逆差,而是企圖一舉解決已令其感受前所未有壓力之中國大陸在高科技、5G、互聯網……等方面,逐漸取得的優勢,故而美國意欲以平衡貿易為突破口,對中國大陸進行無所不用其極的全面壓制。哪怕是「2025中國製造」

注5 純屬中國大陸內務與施政綱領，同樣無差別對待，要求中國大陸放棄發展，讓人好氣又好笑。

　　針對美國的天真意圖，中國大陸其實早就了然於胸，一帶一路目的之一，便是開拓與強化既有及新闢市場的胃納量，逐步轉移、分流對美國的出口依賴，以免一旦中美再度引爆貿易摩擦時，受制於人（當然它將持續發生）。

（八）凝聚海內外華人向心力

　　一個群體需要一個共同的目標，以建立使命與榮譽感，更何況海內外華人數量加總，即使不超過也接近15億（據不完全統計，海外華人約6,000萬），雄踞世界第一，而中國人向來以一盤散沙著稱，更加需要群體目標，以凝聚共識與向心力。

　　一帶一路所擔綱者正是這樣的角色，讓更多的華人、華僑、華裔有機會參與其中，共享成果，從而形成國家與民族的自尊、自豪感。

　　舉例以說明。東盟十國之一的柬埔寨主要有三大城市——金邊、西港、暹粒（世界七大奇蹟之一的吳哥窟所在地）。在這些城市裡不管是商業、貿易、零售、旅遊、傳媒……等領域，會講中文比會講英文吃香得太多，滿大街都是中文，該國副首相甚至為此頒佈了一條有趣的規定：店招上的柬文字體必須比中文大。當地的華人、華裔，也會很驕傲的用半生不熟的中文告訴每一個他所認識的中國人：「我是第X代華人」。

　　說來你不一定信，在柬埔寨的暢銷書是：《如何講好中文？》

　　連菲律賓總統杜特蒂都「不打自招」的勇敢承認自己的祖父是中國人，還一再的在公開場合半開玩笑：「把我們納入中國的一省吧，就像福建省一樣⋯⋯」云云。

　　沒錯，我當然知道這不能當真，但如果中國還是一百年前的那個中國，他會講這個話嗎？我敢肯定地說：「不會。」

　　因此民族復興的尊榮意識對自1894年甲午戰爭慘敗以來，便遭受西方列強霸凌、羞辱、輕視、踐踏，甚至妄圖裂解（「中國七塊論」 注6 ）的炎黃子孫來說，顯得格外重要。

　　甚至可以這麼說：凝聚海內外華人的「民族自豪感」，是一帶一路在精神層面上最重要的組成部分——中國人終於站起來了！沒有之一。

注1　中央經濟工作會議：是中共國務院召開之規格最高的經濟會議。自1994年以來每年舉行一次，一般在每年年底11月到12月舉行，開會時間不超過四天。它的任務是總結當年的經濟工作成績，分析當前國際國內經濟情況、形勢，制定來年宏觀經濟發展規劃。

注2　改革開放：是1978年12月十一屆三中全會中國大陸開始實行之對內改革、對外開放的政策。對內改革先從農村開始——1978年11月，安徽省鳳陽縣小崗村實行「分田到戶、自負盈虧」的家庭聯產承包責任制（大包幹），拉開了中國大陸對內改革的大幕。

　　1979年7月15日，中共中央正式批准廣東、福建兩省在對外經濟活動中實行特殊政策、靈活措施，邁開了改革開放的歷史性腳步，對外開放成為中國大陸的一項基本國策，是中國的強國之路。

注3　鄧小平南巡：是指1992年1月18日至2月21日，鄧小平視察武昌、深圳、珠海、上海等地並發表重要談話，提出「要抓緊有利時機，加快改革開放步伐，力爭國民經濟更好地上一個新台階」的要求，為中國大陸走上「有中國特色社會主義市場經濟」發展道路奠定了思想基礎。

　　鄧小平南巡的旋風席捲全中國，掀起了又一輪改革開放的熱潮。

注4　姓資還是姓社：20世紀80年代末90年代初，出現了特區「姓社姓資」的疑問，其觀點認為社會主義經濟就是計劃經濟，資本主義經濟就是市場經濟。

　　1992年，鄧小平在南方的講話肯定了經濟特區姓「社」不姓「資」，明確了社會主義也有市場經濟。他還強調「必須從理論上搞懂，資本主義與社會主義的區分不在於是計劃還是市場這樣的問題。社會主義也有市場經濟，資本主義也有計劃控制，不要以為搞點市場經濟就是資本主義道路，沒有那麼回事，計劃和市場都得要」。

注5 2025中國製造：2015年3月5日，中共國務院總理李克強在全國兩會上作《政府工作報告》時首次提出「中國製造2025」的計劃，經李克強簽批，並由國務院於2015年5月印發的部署，全面推進實施「製造強國」之戰略，也是中國實施該戰略第一個十年的行動綱領。

注6 中國七塊論：1887年，日本提出的《征討清國策》中，曾明確地提出要把中國大陸分成七塊，這就是東北、華北、江南、蒙古、西藏（含青海）、新疆（準噶爾）、甘肅。這與李登輝提出的「七塊論」並無太大的區別。而李的七塊包括台灣在內只說了五塊，香港有的報刊認為剩下的兩塊是指華北、華南（或江南）。

二、一帶一路對外「可以直說」之目的

（一）整合既有投資項目，避免資源、資金浪費及形成合力

隱性的、簡裝版的一帶一路，其實是一直在推動狀態的，只是為了掩蓋美國及其爪牙耳目，始終低調從事罷了。

因此當一帶一路正式浮上檯面時，首先要做的，便是把之前所進行的、相對零散的、難以形成合力的，各種海外聯通工程建設、援助項目予以統籌，既便於管理、避免資金與資源的浪費，更重要的是可形成一帶一路磅礡氣勢與另類威懾力。

（二）輸出材料、資本、技術，創造「中國優勢」

中國大陸經過40年改革開放的努力，各種材料的產能不斷創新高，且具十足機動性，如：2020年初新冠肺炎疫情爆發後，口罩的產能由原先的2,000萬（只／日）迅速提升至1.2億（只／日），同樣是爆發性增長。

特殊的是，連製造汽車的比亞迪集團都在機動調整生產線後，宣佈投產口罩且日產能達500萬只以上，讓外國企業看得是目瞪口呆。

惟中國大陸畢竟已過了高速增長期，加之全球經濟發展停滯不前，導致產能利用率偏低，而一帶一路沿線許多國家，尤其是一帶一路出海第一站的東盟十國，除新加坡、汶萊之外，大都存在資

金、技術不足的問題，推進現代化的速度緩慢，完全可與中國大陸之長、強項如：高鐵、水壩、電站、互聯網……等形成互補，從而使相關國家的經濟、社會得到突飛猛進的迭代複製、火箭升空之爆發式成長，堪稱：各取所需、互蒙其利之典範。

（三）開放中國大陸市場形成「共同體」

一帶一路並非只是在追求中國「獨好」，而是「你好，我好，大家好」，否則就與美國沒什麼兩樣，它也就不會贏得包括聯合國在內的許多國際組織將之納入決議的肯定，及迎來世界各國的熱情參與。

一帶一路的重要目的是讓更多國家加入，創造共榮、共享營商環境，進而形成人類「命運、利益、經濟共同體」。

為此，中國不惜開放14億人的龐大市場，讓所有國家「只要你願意」都能把商品賣到中國大陸來，而且說到做到，於2018年11月召開首屆中國國際進口博覽會，習近平在開幕式宣示：博覽會將每年在上海的國家會展中心召開，中國要從「世界的工廠變成世界的市場」，歡迎大家來中國大陸賺錢。

第一屆有3,000家國內外廠商參加，第二屆有3,800家，成長迅猛，而且這樣的勢頭可望繼續保持。

（四）刺激、促進多邊貿易成長

中國大陸迄今已是全球130個以上的國家排名第一之交易夥

伴，而美國在這方面則大為遜色，只有不到60個國家。基於促進一帶一路沿線各國貿易與現代化，中國以基礎設施建設打造國際互聯互通環節，並以合作共同開發商貿口岸、工業園區、經濟特區、自由貿易區，使中國與聯通各方的貿易往來產生關鍵的加速器作用，從而對經濟全球化做出貢獻。

　　尤其重要的是，共同投資各種形態之產業合作模式的良性互動，雙方可望建立牢不可破的信賴關係，並從中創造各自利益的最大化。

2019年中國主要貨物貿易夥伴市場份額（資料來源：中國海關總署）

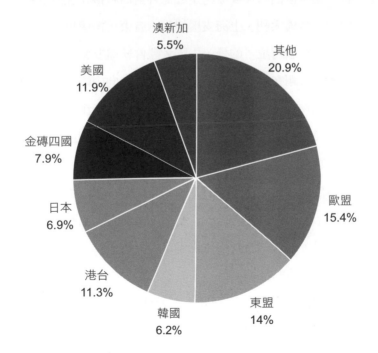

（五）廣結善緣，擴大國家「朋友圈」

在「中國資本・全球配置」已上升為國家行為與戰略的情況下，政府高層在處理相關問題時，就不能只著眼於硬梆梆的商業利益與經濟效應，而必須一併考慮國家形象及國際觀瞻。

因此在一帶一路的規劃中，便包含許多軟性以促進民心相通、廣結善緣為目的之文化交流與援助項目在內。

例如之前提及的2020年3月新冠肺炎疫情在中國大陸已基本得到控制，但多達170個以上的國家陷入大爆發的慘烈困境，中國大陸便依據親疏與嚴重程度，盡最大努力捐助口罩、防護服……等醫療物資，甚至派出國際醫療組遠赴海外對口救援（江蘇支援巴基斯坦、四川支援義大利、上海支援伊朗、廣東支援伊拉克）。

尤其「可歌可泣」的是，中國大陸傳統盟友塞爾維亞總統亞歷山大・武契夫剛在媒體上以哽咽的嗓音指名向中國大陸求援時，中國大陸救援物資便於當晚抵達該國機場，並隨後派出醫療團隊參與抗疫，武契夫總統不但親往迎接，並把中塞兩國國旗繫在一起及先後親吻，感激之情溢於言表。

透過以上剖析，應可瞭解中國大陸推動一帶一路所闡述之「攤在陽光下」的對內與對外目的。當然，實情肯定並不那麼單純，如若僅此而已，美國就沒有必要也不可能大動干戈、大費周章、大動作阻擋一帶一路的推進了。

那麼實際上一帶一路到底還想幹什麼？意圖創造什麼樣的局面？導致美國這個世界超強竟然從2020年開始把俄羅斯的排名挪

後，視中國大陸為眼中釘、肉中刺、頭號競爭對手，甚至必欲滅之的敵人！

三、一帶一路「不可明說」之目的

（一）在軍事領域

1. 突破美國設置之「三道島鏈」封鎖

2. 建立海外軍事基地與商貿口岸

　　眾所周知，美國早於東西方冷戰時期，為了有效牽制中國大陸，在中國臨海的東南部設計了三道島鏈，分別是：

　　第一島鏈──是指花彩列島中，東北起日本群島、琉球群島，中接台灣，南接菲律賓群島、大巽他群島的鏈形島嶼帶，西接越南、緬甸、印度、巴基斯坦、阿富汗等靠近中國大陸國界的中亞和南亞國家，西北至北接哈薩克東部、俄羅斯南部、蒙古南部、韓國等國家，至日本群島。

　　第二島鏈──是指北起日本群島，東北起小笠原諸島、硫磺列島、火山列島、馬利安納群島─關島、雅浦島、帛琉群島，中接哈馬黑拉群島，麻六甲海峽、孟加拉灣、印度中南部、巴基斯坦中部，阿富汗中西部、哈薩克中西部、俄羅斯東部等國家，至日本群島。

　　第三島鏈──主要由夏威夷群島基地群組成，北起阿留申群島，中接夏威夷群島、大洋洲的群島，西接孟加拉灣南部、阿拉伯

海中北部，波斯灣穿入沙烏地阿拉伯、伊朗等地進入裡海，北接俄羅斯等國家，至阿留申群島。

南海的重要性，怎麼形容都不過分

　　首先要知道的是，中國大陸與東南亞、南亞、西亞、非洲以及歐洲等地來往的海上航線，都必須經過南海諸島海域。其中，中國大陸通往國外的39條航線中，有21條通過南沙群島海域，60%的外貿運輸從南沙經過。

　　根據世界海運理事會統計，全球有25%的海上航運量要經過南海運往各大洲，中日韓等國85%以上的石油進口需要經過南海，美國從亞太地區進口的各種重要原料90%要經過南海航道運回北美。南海的重要性不言而喻。

　　此外，根據資料顯示，從軍事戰略上考慮，中美對抗之形勢已不可逆，而各種威懾工具中「海基核力量」是三位一體核打擊力量體系裡，不可或缺甚至是最重要的一環。

　　環顧中國大陸周邊海域，只有南海海域適合潛艇的使用：渤海平均水深18米，黃海是44米，在美軍能探測水深80米的雷達面前基本透明，潛艇無所遁形；東海平均水深359米，但是遍佈美日同盟的水底聲納陣線，無法保證潛艇的戰場生存率。

　　那麼南海呢？平均水深1,212米，浪高水深、氣候複雜，非常便於彈道導彈潛艇的隱蔽與機動；且處於第一島鏈的下端，從這裡既可以向東、經巴士海峽或馬來西亞和菲律賓間的狹長地帶，前出

進入南太平洋，從美國南部方向發動攻擊，繞過重點防禦北冰洋和北太平洋的導彈防禦系統；也可以向西經過麻六甲等地進入印度洋，在戰略上對印度構成威懾；甚至還可以潛航更遠，從而將火力延伸到歐洲或完全沒有導彈防禦的美國南大西洋方向。

以上是外部因素，使南海成為兵家之所必爭。

南海是「島鏈突圍」的鑰匙

從中國大陸本身來看，雖然其土地面積遼闊，實際上海洋領域與資源相當有限，因此「島鏈」的封鎖相當致命。根據資料顯示，其海洋自然地理環境有以下特點：

第一，海岸線長度與陸地國土面積之比小，是0.00188，居世界第94位，低於世界大多數沿海國，說明中國大陸的內陸地區利用海洋是不方便的；第二，海陸面積之比小。中國大陸可主張的管轄海域面積300萬平方公里，海陸面積之比不到0.3，遠低於世界平均水準；第三，中國大陸的東部是渤海、黃海、東海和南海，屬於太平洋的邊緣海，雙重島鏈是大半徑的圓弧形環繞著中國大陸，除台灣東部以外，不能直接面向大洋，屬於「閉海或半閉海」國家，進出世界大洋要經過日本等國的諸多海峽和水道，海洋自然地理條件先天不足。

值得警惕的是，中國大陸經濟的對外依存度高達60%，海洋經濟總量已占GDP的10%，而對外貿易運輸量的90%上是通過海上運輸完成，尤其是對外原油依存度2020年即已達到70%，顯示中國大

陸已經成為依賴海洋通道的外向型經濟大國。

孫中山說過：「海權操之在我則存，操之在人則亡」。

古羅馬哲學家西塞羅說過：「誰控制了海洋，誰就控制了世界」。

因此美國的「島鏈圍堵」無異掐住中國出海口的脖子，如鯁在喉感不言而喻。

這才是中國大陸始終堅稱「南海諸島歷來是我國領土組成部分與固有疆域」的真實原因之一。

中國大陸始終堅持，南海有史以來當然就是中國所有，但現在被俄羅斯納入版圖的「符拉迪沃斯托克」（海參崴）注1 乃至遠東地區，不同樣也曾部分是中國「固有疆域」嗎？為什麼中國大陸不做此主張？因為重要性與順序差距太大。當然，顧及中國與俄羅斯是新時代全面戰略協作夥伴，也有一定的關係。

一方面南海幾乎占了中國大陸海域的一半面積，萬一不在控制之內，則中國無異喪失最重要出海口（淪為俄羅斯同樣窘境），海洋大國之夢便無從談起；更重要的是，南海「九段線」注2 是中國大陸的近海域，無法完全掌握，等同門戶洞開之盜賊難防，非但使「海上軍事緩衝帶」無從建立，連自家貨輪、商船進出都有遭遇不可測風險之虞，更何況南海是「21世紀海上絲綢之路」的必經、始發出海口。這是從中國大陸角度來看。

一個不斷在南海挑事的「域外國家」

但美國角度下的南海呢？一旦中國大陸在國際間成功確認「南海九段線」範圍內皆為中國領海之既成狀態，且大度的願與南海諸國一起開發、共享資源，則美國欲壓制「中國崛起」殊為不易；因此，即使作為與南海根本沒半毛錢關係的「域外國家」，即使早在1999年11月中國大陸已與東盟十國談妥並簽訂「南海各方行為宣言」 注3 ，充分表達合作開發的意願，美國仍然毫不間斷的在此海域挑事。

從2014年教唆菲律賓發起「南海爭議」失敗後，迄今猶在進行不懈之努力，以航行自由名義與藉口，無端挑釁、挑戰中國領海主權。

換言之，美國清醒的認識到，南海一旦被中國大陸全面霸占，要把中國大陸真正意義的擊垮，耗費之時間、財力、物力將成幾何數倍增長，因此無論如何不能讓中國大陸拿下南海，不但自己動輒派出艦艇穿行、抵近12海里範圍，時不時還要邀請一干盟友、馬前卒一起巡弋，以示南海主權未必「捏」在中國大陸手裡。

從而，我們不難理解南海對中國大陸來說，無論在地理上、在國際上、在經貿通路上、在軍事戰略上、國防安全上、在一帶一路推進上，所扮演的角色是何等重要！

有些人以為中國大陸之所以鍾情南海，是在乎、貪圖其海洋資源（礦藏、石油、天然氣、水產……），實則大謬。中國大陸不能說毫不在乎，但與前述相較，這些需要打撈的財富，根本微不足道

到可以忽略不計。

推進中的突破島鏈「三保險」措施

因為惟有確保了南海主權後，中國大陸才具備突破島鏈的能量。

規劃策略主要的考慮是：在平時，確保海洋經貿通道暢行無阻或縮短航運時間；在戰時，確保不被島鏈封鎖，使戰力足以形成具威懾作用之交叉火網，必要時將來犯敵軍殲滅於海上，並使戰略物資、軍需品能順利運抵設定目的地。

如何能做到這幾點？首先在海運方面，由於大部分的貨運航線必須經過新加坡控制之麻六甲海峽，而新加坡有美國的軍事基地，一旦中美開打，麻六甲海峽必然被美軍封鎖，以切斷中國海運生命線與石油補給通道，這該如何是好？

為了確保萬無一失，中國大陸兵分三路，首先在距新加坡224公里的馬來西亞麻六甲與大馬政府合作興建皇京港口岸 **注4**，二則是與緬甸政府合作興建皎漂港 **注5**；三是向巴基斯坦政府租用瓜達爾港 **注6**，再附加「珍珠鏈」 **注7** 的運作，以因應不同狀態下，先以海運再分別用連接至中國大陸境內的鐵路輸送平時與戰時物資，降解麻六甲海峽的先天制約。

如此一來，以「三道保險」（口岸）＋「珍珠鏈」瓦解美國為中國大陸量身訂製設置的「三道島鏈」，則綽綽有餘。

惟其先決條件是南海必須完全在中國大陸控制之中，否則中美

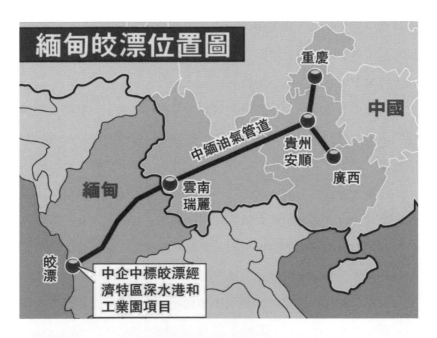

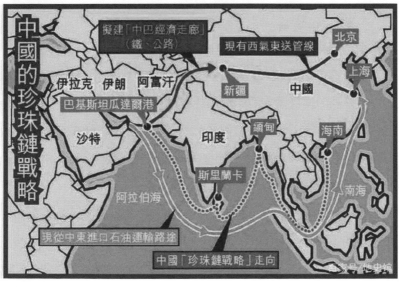

一旦發生武裝衝突（哪怕是擦槍走火），各個口岸的作用將大大降低，甚至有形同虛設之虞。而其中主要原因是，這些口岸皆非在中國大陸本土，易生失控之變數。

那麼中美之間是否會觸發戰事呢？沒有會不會，只有時間與規模問題，引爆點可能在南海、東海，更可能在台灣海峽之局部、有限戰役。

正是考慮到中美軍事摩擦的不可避免，且強敵環伺，個個虎視眈眈意欲分食，萬一中國大陸落敗則後果不可想像。因此，既然要打就必須要有贏的完全勝算，如此則事前的準備工作極其龐雜，而其關鍵便是「海外商貿口岸」及「海外軍事基地」的建立，以利一旦「有事」能盡量確保「商貿與軍事兩不誤」，及形成相互奧援作用。

商貿口岸與海外軍事基地相輔相成

在商貿口岸方面，經過這些年的努力，中國大陸擁有100個以上的海外港口經營權，全球指標性商港計50座，有33座在中國大陸手中，其中具備重要戰略價值者如：位於巴基斯坦的瓜達爾港、位於緬甸的皎漂港、位於斯里蘭卡的可倫坡港 **注8** 、位於希臘的比雷埃夫斯港 **注9** ……等。

就其地區分佈來看，亞洲地區中國大陸建設的境外港口最多，高達37個，占總數的36.63%；其中東南亞地區16個，東亞、西亞和南亞地區數量分別是2、12和7個。非洲次之，中國大陸在非洲建

設港口數量為33個，占總數的32.67%，其中西非地區12個，東非、中非、南非和北非分別有11、5、1和4個。其他地區港口數量分別為：歐洲11個（含俄羅斯）、南美洲9個、北美洲6個及太平洋5個。

這些海外口岸雖然主要用途是商貿物流，惟仍具備平時為中國海軍之遠洋航行提供支撐，及擔當重要戰略物資中轉站等功能，至於戰時，則另說另講。

在海外軍事基地方面，中國自2017年於非洲吉布地建立第一個海外軍事基地之後，便開始積極選址，計劃建設18處海外軍事基地，主要分佈在東非海岸，其中的熱門地點包括：阿曼、葉門、肯亞、坦尚尼亞、莫三比克、馬達加斯加、塞吉爾群島及巴基斯坦的卡拉奇、納米比亞的沃爾維斯灣……等。

18處海外軍事基地一旦建成之後，相較於其他國家算是多還是少？且讓資料說明。

目前全球有15個國家有海外軍事基地，俄羅斯12處（也有資料顯示，其有22個海外軍事基地）、英國10處、土耳其6處，顯然中國有數量上的優勢，但與美國「比拚」，則不屬於一個量級、完全無法相提並論（一個是壯若泰森，一個是精如馬雲）。

美國在全球140多個國家配置有400個以上的軍事基地（也有資料顯示598處，總之是數量龐大），駐外總兵力超過30萬；其中亞太地區的基地數量占40%，僅日本即有109處（果然是「重返亞洲」啊），震懾效果十足！這是許多國家對其霸道行徑，通常敢怒不敢

言的主要原因之一。

　　雖然美國的海外軍事基地數量占據絕對優勢，但在通商口岸方面，中國大陸不論是境內及境外均遙遙領先，而不僅僅是「世界十大港口有七個在中國大陸」那麼簡單。

　　在國境之內，中國大陸擁有各類型海港、河港達227個，光是沿海港口就有87個，而美國海港加河港具規模者僅48個，兩者相差如同「海外軍事基地」般同樣懸殊。

　　尤其是在與之配套的商、漁船數量方面，美國更是望塵莫及。截至2018年底，中國大陸擁有商船2,112艘、遠洋漁船2,500艘，這還不包括香港的2,185艘，而美國商船呢？只有盞盞之數的246艘。

　　這其實很好的說明了兩個大國對全球治理之基本理念差異，乃至何以中國大陸GDP的構成有38%來自貿易，而美國只占9%的原因。

　　顯然，當許多國家已經以基礎設施的投資規模計量經濟活力時，美國仍沉湎在軍事震懾、武力威脅，以確保包括美元在內之霸權行使，令各方受制於自己淫威之下的往日雄風中；如此一來，「印鈔票」花錢都來不及了，何須在意隨時可以租到的商船及隨意可以停靠的口岸（誰敢不讓他們停泊，誰就肯定倒大霉）。

　　中國大陸則更多的是探索有錢大家賺、你好我好大家好的「與人為善」儒家思想之可行性，「自食其力」、務實發展商貿需求的船舶與港口，軍力僅作為「不戰而屈人之兵」及「維護國家尊嚴的最後一道防線」，兩者在戰略思維上堪稱南轅北轍。

　　隨著互聯互通障礙的逐步排除，以境外口岸承接國內外商品進出口之中轉角色，以海外軍事基地作為捍衛國家主權的利器，已成為一帶一路有機結合的關鍵「零部件」，使其無論在平時與戰時均能發揮「定海神針」之作用。

注1　符拉迪沃斯托克（海參崴）：清朝時為中國領土，劃為吉林將軍隸下，1860年11月14日《中俄北京條約》將包括海參崴在內的烏蘇里江以東地域割讓給俄羅斯，俄羅斯將其命名為「符拉迪沃斯托克」，俄語意為「統治東方」。其是遠東地區主要文教科研中心之一，有俄羅斯科學院西伯利亞分院遠東分部、太平洋漁業與海洋學研究所及遠東聯邦大學等多所高等學校。

　　海參崴現為俄羅斯遠東最重要的城市，亦為俄羅斯海軍第二大艦隊太平洋艦隊司令部所在地。總人口60.5萬（2018年），主要是俄羅斯人和中國俄羅斯族人。

注2　南海九段線：九段線是中國大陸對南海海域權益邊界的一種畫法。在中華人民共和國版圖中，南中國海裡有條由9條斷續線組成的U形線，通常稱為九段線，線內區域為中國南海。因此，九段線區分了南中國海（面積350萬平方公里）與中國南海（面積210萬平方公里）。

　　1947年中華民國政府編繪出版《南海諸島位置圖》，以未定國界線符號標繪了十一段線。這是繼承歷史主權區，長期統治東南亞

的歐洲列強尊重線內區域的中國主權，二戰後收回南海諸島是國際認可的，因此斷續線地圖廣被國際認同。中華人民共和國成立後的大陸地圖繼承了這條線，只是將11段改為9段，取消中國大陸海南島與越南之間的兩段。

注3 　南海行為準則：此準則是對2002年中國大陸與東盟簽署之《南海各方行為宣言》的推進和落實。

　　2017年5月18日，中國大陸與東盟國家落實《南海各方行為宣言》第14次會議在貴陽舉行，並審議通過了「南海行為準則」框架。2017年8月6日，在菲律賓首都馬尼拉召開的第50屆東盟外長會正式通過了「南海行為準則」。2018年8月2日，「南海行為準則」單一磋商文本草案形成。

注4 　皇京港：屬於馬來西亞領土，位於麻六甲海峽中段，在吉隆坡和新加坡之間的麻六甲市，距離首都吉隆坡不到150公里。

　　皇京港早就存在，但地位並不突出，隨著國際航運的發展和一帶一路基礎設施建設的發展需要，因新加坡港的不足開始明顯，在附近的皇京港建設一個能夠滿足大型貨船需要的深水碼頭，就很有必要。中國電建集團在此只是承建一個深水碼頭而非開闢、新建一個港口，因此它與巴基斯坦瓜德爾港（新建）性質不同。

注5 　皎漂港：在緬甸若開邦的蘭里島北端城鎮皎漂經濟特區，是

蘭里島和大陸構成的一個南北向的狹長海港，座落孟加拉灣東北部。中緬油氣管道的石油線起點就位於皎漂經濟特區的馬德島，天然氣起點在馬德島的下方某地。計劃的中緬鐵路的終點就位於皎漂經濟特區。

注6　瓜達爾港：位於巴基斯坦西南部，20年前還是個默默無聞的小漁村。由於遠離內地，交通不便，土地貧瘠，瓜達爾地區十分貧困。瓜港目前人口約20萬，其中80%靠打魚為生。不過，水深14.5米的瓜達爾港是巴基斯坦唯一適合大型船舶進出的港口。同時，其瀕臨阿拉伯海，距離全球石油供應主要通道霍爾木茲海峽僅約400公里。目前從中東到中國大陸的海上石油之路長達14,490公里，若中巴經濟走廊規劃中的中巴鐵路、公路或油氣管道能夠貫通，中國大陸的石油運輸路程將縮短85%。

瓜達爾港的建設始於2002年，於2005年完成瓜港的一期工程建設。2013年2月，巴方將瓜達爾港運營權轉交給中國海外港口控股有限公司。根據規劃，未來的瓜港將是一個自由貿易區。

注7　珍珠鏈戰略：2005年初被曝光的美國國防部一份名為《亞洲的能源未來》的內部報告稱，中國正採取一種「珍珠鏈」式的戰略：「中國大陸從中東到南中國海的海上航道沿線建立戰略關係，表明了它保護中國能源利益，並同時為廣泛的安全目標服務的防禦與進攻態勢。」報告還列出了所謂「珍珠鏈戰略」中的六顆珍珠，

首當其衝的是瓜達爾港。

注8　可倫坡港：是世界上最大的人工港口之一，也是歐亞、太平洋、印度洋地區的世界航海線的重要中途港口之一。雖始建於1912年，但可倫坡港作為世界性的港口至少有400多年的歷史了。早在西元8世紀時，可倫坡港就已經成為商貿重鎮，14世紀時，中國商人頻繁來到可倫坡港進行商貿活動，19世紀時，英國在斯里蘭卡殖民時期，修建了斯里蘭卡可倫坡港。

　　2016年8月2日，由於來自印度方面的壓力，斯里蘭卡政府不得不就中國投資的可倫坡港口城項目與中國投資方重新修訂協議，撤回了先前給予中方的20公頃土地永久使用權，改為99年租賃。

注9　比雷埃夫斯港：位於希臘阿提卡大區的比雷埃夫斯市，為希臘最大港口，距離雅典9公里，也是全球50大集裝箱港及地中海東部地區最大的集裝箱港口之一。2006年，比雷埃夫斯港排名歐洲十大集裝箱碼頭之一，中遠海運集團之前管理著該港口的兩個集裝箱碼頭，已投資超40億美元。

　　2016年4月，中遠海運集團和希臘共和國發展基金正式簽署比雷埃夫斯港口管理局股權的轉讓協定和股東協定，標誌著中遠海運集團收購比雷埃夫斯港67%股權項目，取得了里程碑式的重要進展。

（二）在金融領域

1. 重建國際金融話語權

2. 實現與GDP（經濟）相匹配的國際貨幣儲備與結算

　　雖然自2010年開始中國大陸便成為世界第二大經濟體，但在與經濟直接相關的金融市場層面，中國的話語權並未「實至名歸」，甚至堪稱：被刻意的嚴重低估。

獅王已老，卻不讓位

　　最簡單的觀察是，當今之世所有的重量級國際金融機構如：國際貨幣基金組織 注1 、國際清算銀行 注2 、世界銀行 注3 ⋯⋯等，中國大陸股權的份額極少到幾乎可以忽略不計。其中美洲開發銀行中國股份占0.004%是格外刺眼的顯例。

　　何以至此？首先是歐美發達國家不願、不想、不敢面對中國大陸的快速崛起與重要性，以為閉著眼、捂著耳就可以當作什麼事都沒發生。因為古老中國在上個世紀始終是西方列強瞧不上眼、鄙視甚至恣意羞辱的對象，現在突然之間「蹬鼻子上臉了」，實在很不習慣。

　　更重要的一點是，全世界所有具分量的金融機構，基本上均由美國所把持、控操，而美國在「見不得中國大陸好」（其實是見不得任何國家挑戰其地位）的狹隘心態作祟下，怎麼可能放棄一貫打壓之立場，而願意讓中國在國際金融領域占據一席之位呢？

沒有中國的國際金融組織,沒有含金量

如同成立於1975年11月,簡稱為「G7」的「七國集團」由七大已開發國家所組成,代表主導世界經濟走向的關鍵力量,但現在這些國家除了美、日、德,還有誰具備代表性呢?

誠如在1997年應邀加入、轉變為「G8」,又於2014年因「克里米亞事件」被逐出之俄羅斯總統普丁評價的G7:任何沒有中印的國際組織都沒有太大意義。雖有順勢拉抬印度之嫌,但評價還是中肯的,G7的含金量確實每況愈下,大不如前。

既然中國大陸無法破解美國的抵制,一不做二不休,在規劃一帶一路之初便把資本額1,000億美元的亞洲基礎設施投資銀行納入佈局,作為互聯互通建設項目的主要融資管道,並占股31.94%(最初占比50%),其餘開放予其他國家認購,截至2020年4月已有102個成員國家加入,其中便包括G7成員國義大利(於2019年3月參加)。

在貨幣儲備方面,中國大陸的企圖心更加強烈。尤其是國際貨幣基金組織自2016年10月1日將人民幣加入SDR特別提款權 **注4** 後,帶來人民幣國際地位提升、減少海外流通成本、獲取國際商品定價權、規避匯率波動風險、增加人民幣資產配置等一系列好處之後,中國大陸推進人民幣國際化的動作由鴨子划水的低調運作,進入到大張旗鼓狀態,以增加國際間更廣泛的將人民幣作為儲備及結算貨幣之力度,進而與中國大陸占有的國際貿易份額及GDP相匹配。

美元的國際地位面臨嚴峻考驗

不可諱言，雖然有「布列敦森林協定」 注5 及購買石油貨幣之背景因素，使美元成為當仁不讓的國際通行貨幣，但就事論事，透過歷年全球經濟數據不難發現，美元存在被高估的現象。以2019年為例，其占世界的GDP比重為24.8%，但在國際儲備貨幣方面高達56%以上，而中國大陸GDP占全球的16%以上，但在國際儲備貨幣方面卻僅2.01%。而其他國家的國際貨幣儲備量與其GDP則基本相當，如：日本GDP的國際占比為5.91%，其國際貨幣儲備4.97%；加拿大2.09%，國際貨幣儲備1.92%；英國GDP3.85%，國際貨幣儲備4.48%……。

不僅如此，在全球等值11兆美元外匯儲備中，有近2/3為美元，根據國際清算銀行提供的資料，全球87%的金融交易中，至少有一方銀行使用的是美元，說明中國大陸爭取對等的國際金融地位，仍有漫漫長路要走。

上述現象凸顯出中美貨幣價值與GDP表現存在嚴重倒掛，遑論美國時不時將具明顯公共財性質的美元與結算支付系統 注6 作為「長臂管轄」及制裁的工具與手段，已然搞得是天怒人怨。

對中國大陸來說，欲求全球內部發生改變，還人民幣應有之地位的可能性，在既得利益作梗之下，可以說毫無機會！因此能做的只有戮力推進一帶一路，使更多交易、合作以人民幣作為主要結算貨幣，如此蠶食鯨吞、循序漸進，何愁丟失的人民幣市場份額找不回？

值得慶賀的是，由於美國的「倒行逆施」，越來越多的國家如：伊朗、委內瑞拉、俄羅斯……不約而同改以人民幣、歐元或本幣互換 注7 作為結算方式，甚至研究本國數字化貨幣，這對美國賴以稱霸的美元而言，將產生溫水煮青蛙的致命效果。

事實上，許多國家已經意識到美國國力的衰退，即使負債已創新高，超過26兆美元（2020年7月突破），仍編列創歷史紀錄、高達7,400億美元以上的軍事預算，與1991年蘇聯解體前夜的情勢相當類似。鑑於未來發生美股→美元→美經依序崩盤的可能與危害

	國家和地區	噸數	黃金占外匯儲備
1	美國	8,113.5	76.98%
2	德國	3,366.5	73.49%
3	國際貨幣基金組織	2,814.0	
4	義大利	2,451.8	68.33%
5	法國	2,436.0	63.21%
6	俄羅斯	2,271.2	19.94%
7	中國	1,948.3	2.94%
8	瑞士	1,040.0	6.04%
9	日本	765.2	2.82%
10	印度	633.1	6.77%
	荷蘭	612.5	69.50%
	歐洲央行	504.8	30.03%
	土耳其	412.5	20.37%
	哈薩克	385.5	64.89%

性，各國不約而同紛紛減持或短進短出美債（與以往「只進不出」為主的操作模式大不相同），其中除了中國大陸、俄羅斯、土耳其、巴西，竟然還有美國的小老弟日本跟進，應能說明事情的嚴重性。

此外，越來越多的國家要求將儲存在紐約美聯儲 注8 的黃金搬運回國，並大手筆繼續在市場上搶購黃金，均將加速美元陷入窮途末路之窘境。

注1　國際貨幣基金組織：簡稱IMF，是根據1944年7月在布列敦森林協定簽訂的《國際貨幣基金組織協定》，於1945年12月27日在華盛頓成立的。與世界銀行同時成立，並列為世界兩大金融機構。其職責是監察貨幣匯率和各國貿易情況，提供技術和資金協助，確保全球金融制度運作正常。其總部設在華盛頓特區。「特別提款權」就是該組織於1969年創設的。

注2　國際清算銀行：根據海牙國際協定成立於1930年，是英、法、德、義、比、日等國的中央銀行與代表美國銀行界利益的摩根銀行、紐約和芝加哥的花旗銀行組成的銀團。最初為處理第一次世界大戰後德國戰爭賠款問題而設立，後演變為一家各國中央銀行合作的國際金融機構，是世界上歷史最悠久的國際金融組織，總部設在瑞士巴塞爾。剛建立時只有7個成員國，現成員國已發展至60家中央銀行或貨幣當局。

　　2019年，國際清算銀行宣佈分階段在不同城市設立創新中心，首先設立的兩個中心位於瑞士巴塞爾和中國香港，第三個位於新加坡。

注3　世界銀行：是世界銀行集團的簡稱，國際復興開發銀行的通稱；也是聯合國的一個專門機構。世界銀行成立於1945年，1946年6月開始營業，由國際復興開發銀行、國際開發協會、國際金融公司、多邊投資擔保機構和國際投資爭端解決中心，五個成員機構組成。

注4　特別提款權：SDR亦稱「紙黃金」，最早發行於1969年，是國際貨幣基金組織根據會員國認繳之份額分配的，可用於償還國際貨幣基金組織債務、彌補會員國政府之間國際收支逆差的一種帳面資產。會員國在發生國際收支逆差時，可用它向基金組織指定的其他會員國換取外匯，以償付國際收支逆差或償還基金組織的貸款，還可與黃金、自由兌換貨幣一樣充當國際儲備。因為它是國際貨幣基金組織原有的普通提款權以外的一種補充，所以稱為特別提款權。

　　2015年11月30日，國際貨幣基金組織正式宣佈人民幣2016年10月1日加入SDR（特別提款權）。

　　特別提款權的價值是由美元、歐元、人民幣、日元、英鎊這五種貨幣所構成的一籃子貨幣的當期匯率確定，所占權重分別為

41.73%、30.93%、10.92%、8.33%和8.09%。

注5　布列敦森林協定：是指二戰後以美元為中心的國際貨幣體系。1944年7月，西方主要國家的代表在聯合國國際貨幣金融會議上確立了該體系。因為會議是在美國新罕布什爾州布列敦森林舉行的，所以稱之為「布列敦森林體系」。關貿總協議作為1944年布列敦森林會議的補充，連同布列敦森林協定通過的各項協議，統稱為「布列敦森林體系」，即以外匯自由化、資本自由化和貿易自由化為主要內容的多邊經濟制度，構成資本主義集團的核心內容。

注6　結算支付系統：也稱清算系統、支付結算系統。它是一個國家或地區對伴隨著經濟活動而產生的交易者之間、金融機構之間的債權債務關係，進行清償的制度安排，是提供支付服務的仲介機構。管理貨幣轉移的規則是：實現支付指令傳送及資金清算，用以實現債權債務清償及資金轉移。

注7　本幣互換協議：是指一國（地區）的央行（貨幣當局）與另一國（地區）的央行（貨幣當局）簽訂協定，約定在一定條件下，任何一方可以一定數量的本幣交換等值的對方貨幣，用於雙邊貿易投資結算或為金融市場提供短期流動性支援，到期後雙方換回本幣，資金使用方同時支付相應利息。

注8　美聯儲：全稱為美國聯邦儲備系統，負責履行美國的中央銀行職責。這個系統是根據《聯邦儲備法》於1913年12月23日成立的，管理機構是美國聯邦儲備委員會。

聯邦儲備系統由位於華盛頓特區的聯邦儲備委員會和12家分佈全國主要城市的地區性聯邦儲備銀行組成。作為美國的中央銀行，美聯儲從美國國會獲得權力，行使制定貨幣政策和對美國金融機構進行監管等職責。

（三）在產業發展領域

建構、聯結國內外之供應鏈

不少國家均遇到過「中等收入陷阱」，如：巴西、伊朗、阿根廷、敘利亞、墨西哥、馬來西亞等，都曾在20世紀70年代陸續進入人均GDP4,000～12,700美元之「中等收入國家」行列，且隨後無不在貧富差距拉大、產業升級困難、缺乏新的經濟增長點、勞工意識抬頭、社會矛盾與衝突頻發，導致經濟發展困頓、國民收入停滯，無法實現突破之惡性循環中，難以自拔。

反觀中國大陸，原本2020年GDP增長便進入「6%保衛戰」，屋漏偏逢連夜雨的與新冠肺炎狹路相逢，「保6」任務艱辛且未必能達成（2020年首度破天荒不設定年度增長目標），從而加劇了學術界對中國大陸是否陷入中等收入陷阱之爭論。

有人認為以中美抗爭、產能過剩、庫存積壓、GDP增速、家庭收入、勞工薪資成長，乃至外國知名大廠倒閉或歇業……等現象判斷，中國大陸毫無疑義的進入中等收入陷阱，最樂觀的估計起碼也是「有進入該陷阱之虞」；雖然也有專家感性的提出：以中國大陸產業科技含量及高新技術占比、勞動力素質高與充滿工作激情……等原因，斷言中國大陸不可能或不存在中等收入陷阱。

孰是孰非？見仁見智。

以「供應鏈」聯結外移產業，方為上策

我的觀點是，中國大陸「去產能」與庫存壓力確實很大，越來越多的產業轉移相對低工資的國家如：越南、柬埔寨、孟加拉⋯⋯等也是實情，而新的足以有效帶動GDP增速之產業集群尚不完善，還須假以時日；在這樣的情況下，是不是、算不算進入中等收入陷阱？根本不重要，關鍵是如何勇敢的面對現實並提出行之有效的計劃。

一帶一路所要解決的，不正是上述這些問題嗎？

必須要知道與注意的是，多數國家在跨越中等收入陷阱時，都發生了「產業空心化」的困境，哪怕有美元「金剛護體」的美國也不例外。其傳統製造業在暴利的金融業及蠻橫的產業工會面前，無奈選擇悄然隱退，轉移到勞工成本相對低廉的香港、台灣、韓國、新加坡，造就了20世紀60至90年代「亞洲四小龍」的經濟奇蹟。

可惜的是，台灣也並未擺脫中等收入陷阱的宿命。由於美國逼迫新台幣大幅升值、人力與土地成本快速上漲、土地幅員無縱深可言，加上統獨之爭的不具相容性，迫使許多台商將產業逐步轉移至中國大陸乃至東南亞諸國，久而久之，形成類似美國的產業空洞化現象。

問題是美國除了擁有無比強大的國際通行貨幣美元之外，還有科技、金融、消費、文化等高能產業支撐，而台灣大概只剩下「晶元代工」了，後續發展值得憂慮。

反觀中國大陸則完全不同。一帶一路要做的就是反其道而行，

把有「產業流失」之虞的無奈困局，轉化為「產業佈局」形成新鏈條聯結的正能量。

透過供應鏈配置，把適合的產業按上中下游，往中西部、往長江經濟帶、往一帶一路沿線國家建置、轉移。

如此一來，原來有可能流失、一去不復返的產業，便重新被納入到一帶一路的全球佈局中，繼續繁衍、茁壯。

簡言之，基礎設施、產業鏈、市場三者環環相扣、無縫銜接，所產生之效益與迸發力，將使中等收入陷阱無立錐之地！

這正是習近平首屆中國國際進口博覽會開幕式上宣佈「長三角一體化」提升為國家戰略的根本原因。你以為這是八竿子打不到一塊的事，其實兩者在一帶一路之中是相互為用的。至於兩次進口博覽會的成就亮眼，那就更不在話下。

中國國際進口博覽會之比較

	時間	地點	主題	參加國家	參展企業	展覽面積	成果
第一屆	2018.11	中國上海	新時代，共享未來	172	3000	30萬平方	累積意向成交578.3億美元
第二屆	2019.11	中國上海	新時代，共享未來	181	3800	36萬平方	累積意向成交711.3億美元

延伸閱讀之五

一帶一路肩負經濟、貿易、軍事、
外交「四合一」使命

　　關於一帶一路可以直說與不可明說的目的之闡述，堪稱本書的重中之重，相信也是引起讀者最多疑惑甚至予以駁斥，認為許多觀點與現實脫節或純屬臆測，而我從來不否認許多推論純粹源於我自己對中國大陸與國際互動歷史的領會，對中國大陸發展之親身經歷的感受。

化主動為被動，看似被動實則主動

　　惟我始終堅信一帶一路未來的走向與目標必然是如我所預測的狀態，只是內生邏輯未必相同罷了，以「殊途同歸」名之可矣。

　　如：一帶一路之初心思考到底肇始於何時？真的緣起於1999年中國大陸南斯拉夫大使館被炸？未必；發生南海撞機 注1 的2001年？未必；亦或就是始於2002年的中共中央「走出去」之決策？同樣未必。

　　我能確定的是，如此龐大的、必須國內外共同協作、銜接的「宏圖偉略」，絕非一蹴可幾！需要相當長時間的規劃與醞釀，乃至可行性「試點」評估（這幾乎是中共推出任何重大措施所必然執行之「試錯」過程）。

　　當2012年6月3日香格里拉對話會上，美國國防部長潘內達打出「亞太再平衡戰略」，明白指出2020年前將有60%的美國戰艦部署在太平洋。這個時候中國大陸再不表態，豈不被視為軟腳蝦？於是在次年的9月利用習近平出訪時機，趁勢公佈一帶一路倡議。

一帶一路爆發力不容小覷

　　由於是作為美國亞太戰略的回應，因此可以被視為是「防禦」而非「攻擊」動作，從而有效掩護其積極進取的爆發力。

　　一個奇怪的比喻是，如同新冠肺炎在中國大陸蔓延時，西方國家的無視與掉以輕心，不理會其潛伏長、隱蔽性佳之特性，等到形勢嚴峻時，已一發不可收拾。一帶一路不是新冠肺炎，惟其烈性（效益）猶勝之百倍、千倍！

　　與之類似的發展路徑是，一帶一路作為歐美列強眼中判斷的防禦舉措，且認定將舉步維艱，難以贏得國際認同，初期並未予以應有之重視甚至是心存蔑視，俟其穩紮穩打，由「量變」引發「質變」，形成不可撼動的力量時，所有反對者只能望其項背而徒呼負負，甚至終於認命，轉而搶搭列車積極參與。

　　拿一帶一路與新冠肺炎疫情相較，似乎風馬牛不相及，且有點不倫不類；但想表達的則是一貫簡單的道理：若無法洞燭機先便可能受制於人。兩者的差別在於，中國大陸以「封城」之前無古人的大動作警示世界疫情的嚴重性，而號稱超強的美國，卻只知嬉笑怒罵，以致貽誤抗疫時機，令人為之扼腕。

　　相形之下，一帶一路走的是「錦衣夜行」的路線，低調、潛藏、不張揚，直到大勢已成為止。

　　總之，看似純粹的經濟與貿易之全球化戰略，一帶一路在推進過程中，自然與必然延伸至外交與軍事領域，並在有形、無形之中，提升中國大陸國際地位，自不待言。

開通克拉地峽工程簡單但新加坡將陷困境

　　以泰國的克拉運河 **注2** 為例。

　　「克拉海峽」一旦開通，對中國而言將在兩方面得益，首先是貨運不必只有麻六甲海峽這個唯一選項，且路程至少縮短1,200公里，節省3至5天的航行時間。

　　其次則是在軍事上避開美國的炮火威脅與封鎖，堪稱另闢有利於中國大陸的新戰場、新航線。

　　惟這麼多年下來，開通克拉地峽卻只聞樓梯響，始終是紙上談兵，難道是因為技術難度？不可能，中國大陸可是「基建狂魔」；難道是因為資金籌措？不可能，別的沒有，錢多了去；亦或是泰國南部分離勢力的干擾？是個問題，但並非不可解決。

　　那麼到底是什麼原因導致運河開鑿始終無法動工？

　　事實上，早在2014年由柳工集團、徐工、三一重工等中國大陸企業合作的克拉運河籌建小組已經開始運作，之所以遲遲沒有大興土木，更多的考慮是對新加坡的影響。

　　彈丸之地的新加坡之所以能有今天的國際地位及成就，與緊扼

麻六甲海峽之地利關係密切，而開鑿克拉運河等同宣判新加坡「死刑」。不只是拿走它的乳酪、奶瓶，而是殺傷力十足的「一鍋端」！且不說此國有為數可觀之一流國際人才，可在一帶一路推進過程中發揮極大作用，再怎麼樣也是「打斷骨頭連著筋」之華人為主的國家，在未必僵局的情況下，是可以有轉圜餘地的；於是我們看到這幾年新加坡對中國大陸所持態度與立場不變，調轉槍頭速度之快，宛如變臉。

　　一方面新加坡真切感受到中國大陸的崛起、看到「一帶一路」之勢不可當，可望能為新加坡引進龐大商機，更重要的是，如果新加坡仍冥頑不靈，一如既往擔當「反華急先鋒」角色，那麼克拉運河的開通，便指日可待了，反之則遙遙無期（除非妥當安排好新加坡在國際經貿上的角色扮演與轉換）。

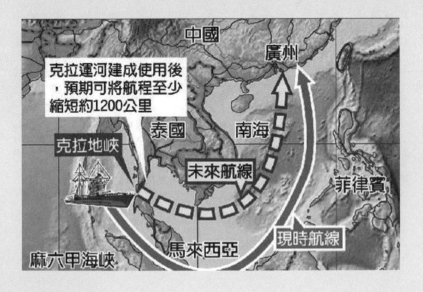

注1　南海撞機：2001年4月1日，美國EP-3偵察機在中國大陸海南島附近海域上空偵查，中國海軍航空兵派出2架殲-8II戰鬥機進行監視和攔截，其中一架僚機在中國大陸海南島東南70海里的中國大陸專屬經濟區上空與美軍飛機發生碰撞，中國戰鬥機墜毀，飛行員王偉跳傘下落不明，後被確認犧牲，而美國軍機則未經允許迫降海南島陵水機場。

事後中美雙方就事件責任僵持不下，更演變成為了一場外交危機。經過政治角力，事件最終以美國發表一段含糊其辭的「道歉」，中國大陸釋放人員、交還飛機告終。

注2　克拉運河：位於泰國南部馬來半島上，兩側海域分屬太平洋與印度洋，地峽最窄處不足50千米，但中間有山脈阻隔，最低的山口海拔100米左右，其他200米以上；擬議中的泰國克拉運河，全長102公里，400米寬，水深25米，雙向航道運河，橫貫泰國南部的克拉地峽。

這條運河修成後，船隻不必穿過麻六甲海峽，繞道馬來西亞和新加坡，可直接從印度洋的十度海峽和緬甸海進入太平洋的泰國灣，航程至少縮短1,100公里，可節省2至5天航行時間。

伍

一帶一路的必要性與迫切感

化解「貧富對立」刻不容緩──「中流砥柱」全面出擊

在全球極端變化愈發快速、強烈的非常時局，貧富差距拉大所滋生之民粹主義 注1 氾濫，使任何一個簡單、平凡的事件，都可能、可以被無良、有心政客以一己之私心所惡意操弄，進而爆發擦槍走火甚至越演越烈的憾事或危機。

顯而易見的例子是2020年3月美國總統川普為了「甩鍋」延誤抗擊新冠肺炎疫情之戰機，惡意的將之稱為「中國病毒」，藉以轉移注意力讓全體華人「背鍋」。

黑與白之間仍有許多色彩

其次，在現有條件、狀態不改變的情況下，全球化將走到盡頭，資源利用亦趨於飽和，貧富與富裕的相互激烈對抗及仇視，將使這個世界越來越瘋狂、危險。

關於這個部分，美國前總統歐巴馬曾在電視上向全世界表述過一段看似合理實則愚蠢的「非人話」──如果讓十多億中國人也過上像美國和澳洲人同樣的生活，將是人類的悲劇與災難，地球根本承受不了。

言下之意：由於「糖果」有限不足以分配，所以中國人只能繼續吃鹹魚、過苦難日子，然後把美好生活依舊留給美國或澳洲人，否則地球資源勢必枯竭與不勝負荷。

這是典型的狹隘「二元化思維」──非黑即白、非彼即此；也是西方世界動輒以戰爭、殺戮解決爭端的原因；事實上，在天堂與

地獄之間，在黑色與白色之間，存有無數種等待探索、挖掘的可能與斑斕色彩。

這正是一帶一路所欲突破的世界性全域困境，希冀透過推翻、顛覆固有的、僅僅是有來有往之商貿模式，調整、改變成互為融合的經濟、利益、命運、責任共同體，使資源可以再生、繁榮得到延續，而貧富不再尖銳對立。

貧富分化正在蓄積摧毀世界的能量

2015年9月28日，習近平在聯合國的講話清楚點明：「我們要謀市場需求、開放創新、包容互惠的發展前景。2008年爆發的國際經濟金融危機告訴我們，放任資本逐利，其結果將是引發新一輪危機。缺乏道德的市場，難以撐起世界繁榮發展的大廈。富者越富、窮者越窮的局面不僅難以持續，也有違公平正義。」

確實如此，各國的執政者必須努力縮小國與國、人與人的財富差距，否則「國終不國，人類相殘」將成為現實。絕對不能小覷「貧富分化」所蓄積摧毀世界的能量，一旦奮鬥無望、階級固化，人性中的惡會選擇一損俱損的打砸搶式革命。

對參與者而言，反正已經一無所有，最壞也不過如此，乾脆鋌而走險！香港證明了這點，相信不久的未來，美國也將嚐到惡果——為什麼在疫情氾濫期間許多人要趕緊買槍自保？怕的不就是那些所謂「底層難以翻身」的人嗎？

別看美國人均年收入將近4萬美元，如果以更能體現財務狀況

的「收入中位數」來看，美國自20世紀80年代以來就已停滯不前。尤其1991年蘇聯解體使美國成為世界上唯一的霸權國家之後，便忘乎所以、恣意妄為，忽略了可以維持多數人生計的製造業（僅占美國GDP的10%），過分偏重只有少數富人甚至「華爾街精英」才玩得起的金融與貨幣掠奪遊戲，導致其社會流動性趨於僵固，中產階層不斷向下沉淪且無力自救。

2011年紐約曼哈頓的「占領華爾街」運動 注2 ，堪稱是99%普羅大眾在慘遭社會邊緣化後的反戈一擊！可惜被當權者刻意漠視，於是惡性循環仍在持續：大城市占美國GDP的85%，「來錢快」的金融市場令上層社會更為富有，光是紐約市就占了全美的8%；而產業外包與自動化盛行，則讓密西根州、俄亥俄州的產業工人拿著微薄的薪水，還必須時刻擔心失業。

上述足以說明美國全球化節點城市與「鏽帶州」 注3 貧富差距的嚴重程度。

美國財經形勢不容樂觀

現如今80%美國人的財富都寄託在股市、債券、期貨交易，而非一步一個腳印、賺辛苦錢的生產製造、商品貿易及其服務，這也是川普之所以如此強烈關注、在意股票市場曲線走勢的本質，因為多數美國人都把錢投入容易變現的股市，甚至包括養老資金在內，一旦發生金融、經濟危機導致股價重挫，川普的連任將成泡影。

如此這般茲事體大！當然逼得他只能罔顧經濟、金融現勢，壓

迫美聯儲配合其護盤。問題是以美國財政的積重難返，他護得住嗎？只怕是不可持續的救得了一時罷了。

更可怕、「糟心」的事情還在後頭：一旦美元霸權逐步流失，美國將不再具備透過貨幣擴張與收縮，薅其他經濟體羊毛的能力。如今美國面臨的是高達26兆美元以上之債台高築，國力不可避免將嚴重衰退，甚至陷入分崩離析之狀態。或許有人會把「美國崩潰」視為笑話與危言聳聽，問題是誰也不笨，中俄日不約而同的搶購黃金，對美國國債則時拋時吸，與以往做法大不相同，若非危機先兆，那麼又喻示著什麼呢？

果真如此，則屆時全球便很難擺脫類似1929年經濟大蕭條 **注4** 之艱難處境！對中國大陸而言，這既是危機也是轉機，推倒重來後的世界秩序之重建，一帶一路有極大機會成為「中流砥柱」，以便進可使全球經濟重新穩定發展，再不濟亦可將國際經濟、金融災難與危害降至最低，為人類發展做出重要貢獻。

簡言之，一帶一路的必要性與迫切性——

一、世界經濟陷入困境，需要新的增長點。

二、美國衰退後的「全球治理」出現空窗期。

三、國際合作打破舊思維與經貿僵局是當務之急。

四、貧富嚴重對立的現象進入「關鍵調節期」。

五、部分國家政客操弄民粹加速危機的到來。

注1 民粹主義：作為一種社會思潮，其基本含義是它的極端平民化傾向，即極端強調平民群眾的價值和理想，把平民化和大眾化作為所有政治運動和政治制度合法性的最終來源，以此來評判社會歷史的發展。人們可以把民粹主義定義為一種意識形態，根據這種意識形態，合法性即在人民的意志之中，因此它體現了激進的民主理想。

民粹主義者反對權威，但他們又容不得反對派，甚至容不得「旁觀者」。俄國民粹派當年有句名言：「誰不和『我們』在一起，誰就是反對『我們』；誰反對『我們』，誰就是『我們』的敵人；而對敵人就應該用一切手段加以消滅。」

注2 占領華爾街：2011年9月17日，上千名示威者聚集在美國紐約曼哈頓，試圖占領華爾街。他們通過互聯網組織起來，要把華爾街變成埃及的開羅解放廣場。示威組織者稱，他們的意圖是要反對美國政治的權錢交易、兩黨政爭以及社會不公正。

2011年10月8日，「占領華爾街」抗議活動呈現升級趨勢，千餘名示威者在首都華盛頓遊行，逐漸成為席捲全美的群眾性社會運動。紐約警方11月15日凌晨發起行動，對占領華爾街抗議者在祖可蒂公園搭建的營地實施強制清場。

注3 鏽帶州：是指以製造業為經濟支柱的美國東北部，底特律、匹茲堡、克利夫蘭、芝加哥……等大工業城市所在的地區，在上世

紀70至80年代由於工業急劇衰落、工廠大量倒閉、失業率增加，而使閒置的設備鏽跡斑斑，被人們形象地稱為「鏽帶州」。由明尼蘇達的鋼鐵產業而得名。1970年後，很多此地的工廠開始停工，工廠大門只剩下鏽跡斑斑的大門。

注4　經濟大蕭條：是指1929年至1933年之間發源於美國，並後來波及整個世界的經濟危機，其中包括美國、英國、法國、德國和日本等國家。

美國的工業生產指數在1921年時平均僅為67（1923年至1925年為100），但到1928年7月時已上升到110，到1929年6月時則上升到126。當時的實業家、學究式經濟學家和政府領導人都表示對未來充滿信心。財政部長安德魯‧梅隆甚至於1929年9月向公眾保證：「現在沒有擔心的理由，這一繁榮的高潮將會繼續下去。」

1929年10月29日股市暴跌，啟動美國並波及世界的「經濟大蕭條」。

陸

台灣在一帶一路的角色扮演

「打斷骨頭筋猶連」的一家人──台灣「再榮景」之契機

　　一直以來，我始終判斷在中國大陸積極推進一帶一路過程中，台灣是有許多「便宜」可占的，可惜台灣一再不斷的錯失時機，識者莫不捶胸頓足。

　　首先從區位地緣角度來看，台灣與大陸的福建隔海峽相望，兩者最窄處是福建平潭與新竹市，直線距離130公里，以現在航運工具的行駛時間來看，堪稱一衣帶水般緊密相連。

兩岸產業具一定互補性

　　大陸的學術研究機構甚至規劃了從台灣新竹到福建平潭、從嘉義東石到廈門的跨海大橋，可見其近。而福建是一帶一路之「一路」──「21世紀海上絲綢之路」的重要起點之一，通過南海、太平洋與印度洋，以串聯及發展東盟、南亞、西亞、北非、歐洲等地區的經貿合作關係。

　　顯見相較於一帶一路沿線國家與城市，台灣占盡地理位置之優勢。尤其是福建已於2014年12月被中共國務院批准設立為自由貿易區，使台灣可充分利用相關優惠政策，促進兩岸成為一帶一路經貿交往與合作的重要平台，如此可謂雙贏，不論台灣或福建均蒙其利。

　　其次，從產業發展角度觀之，不可諱言，大陸歷經40年改革開放，無論是基礎設施、互聯網技術或產業鏈配置之完善，均遠非台灣甚至世界所可比擬，與1989年王永慶 注1 登陸引爆大陸熱潮時

的景況，已不可同日而語（參看《延伸閱讀》之六〈功敗垂成之王永慶「海滄計劃」〉）。

惟台灣在文化創意、金融服務、高端製造、農業技術、現代食品等行業領域有深厚基礎，且目前仍保持一定優勢（注意！是「目前」）；除此之外，台灣還有法治管理、資訊通達、人才養成等強項（再請注意，還是目前，而這兩個「目前」能保持多久？或許不超過五年），兩岸完全可以「有機融合」、「優勢互補」、「共享成果」，進而創造和平相處的契機，謀求兩岸人民長治久安之幸福。

事實上，無論政策溝通、設施聯通、貿易暢通、資金融通、民心相通（一帶一路之「關鍵五通」），乃至產業合作等領域，台灣均能扮演具一定分量之角色，尤其是在資金融通與民心相通方面，揮灑空間更加寬廣與充滿無窮想像。

以資金融通為例

台灣在1985年經濟鼎盛、躋身「亞洲四小龍」 注2 時，曾經引以為傲的說法是「台灣錢淹腳目」，我看現在恐怕已經淹到「肚臍眼」了！

其差別在於，當年是響應蔣經國「家庭即工廠」的號召，大家拚命賺錢，而外貿騰飛、積累大量財富，卻囿於投資管道狹窄，通常局限在房產、股票，堪稱苦於「有錢沒地方花」，甚至因而予地下金融之詐騙行當滋生環境——當時最轟動的事件，便由沈長聲、劉鐵球、於勇明等人領銜、帶頭以投資公司名義成立鴻源機構，非

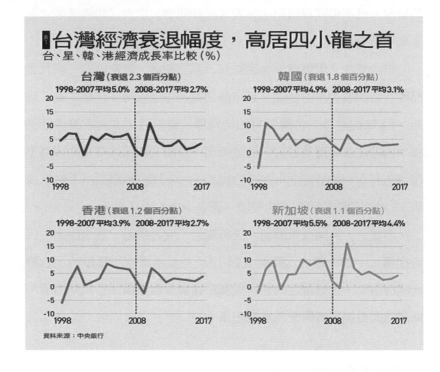

■表 **台灣經濟衰退幅度，高居四小龍之首**
台、星、韓、港經濟成長率比較（%）

台灣（衰退2.3個百分點）
1998-2007平均5.0% 2008-2017平均2.7%

韓國（衰退1.8個百分點）
1998-2007平均4.9% 2008-2017平均3.1%

香港（衰退1.2個百分點）
1998-2007平均3.9% 2008-2017平均2.7%

新加坡（衰退1.1個百分點）
1998-2007平均5.5% 2008-2017平均4.4%

資料來源：中央銀行

法高息吸金達新台幣1,000億元，然後在1990年宣佈倒閉，留下16萬債權人與900餘億元負債之殘局，這在當時可是個天文數字！

那麼現在又是什麼情況導致「台灣錢淹到肚臍眼」了？難道寶島再逢春，財源滾滾而來？非也！

實肇因於兩岸政治形勢的不容樂觀、產業外移與空洞化越趨嚴重，加之房地產炒作空間有限，股票又賺少賠多，投資興（創）業更是動輒血本無歸，使得更多人不敢輕舉妄動，從而「一動不如一靜」的只能把錢存到銀行，即使年利率低到接近可以忽略不計的

1.345%，但也無可奈何（參看《延伸閱讀》之七〈台商「西進」潮起潮落〉）。

現在一帶一路為台灣提供了一個資金融通的絕佳機會，為其沿線國家以發行債券或人民幣與美元結算中心、外匯中轉市場的形式，展開相關金融領域之服務；一方面有足夠的閒置資金，二方面有足夠的頂尖人才，三方面具可持續性（僅僅是數千個基礎設施項目，所需求資金便超過10兆美元）；對台灣當前之經濟、金融景氣的刺激甚至起死回生，作用至為明顯。

以民心相通為例

作為一帶一路建設的社會根基，欲使其所經國家老百姓接受中國大陸「共商、共建、共享」的良善用心與美意，需要展開各式各樣的學術、藝文、人才交流，乃至媒體合作、志願者服務……等各項活動與工作，如：互辦藝術節、電影節、圖書展……等，甚至鼓勵共同「申遺」——2014年6月，中國大陸與哈薩克、吉爾吉斯三國聯合推進的「古絲綢之路」的「東段絲綢之路：長安—天山廊道的路網」，成功申報世界文化遺產，成為首例跨國合作、成功申遺的項目。

上述內容，歸根結柢便為「文化認同」，使國與國之間雖有政治體制、風俗、宗教……等差異，卻能在經常性的你來我往之間，彼此逐漸形成基本價值觀之共識，進而和睦相處。

台灣在文化及其創意領域已歷經數十年發展，堪稱卓有成效；

相對來說，中國大陸由於文化大革命的衝擊與影響，加之改革開放強調經濟效應，因此在文化傳承與拓展方面，明顯存在缺失。俗話說「富過三代，方知吃穿」，說明文化的培養需要時間積澱，是急不來的。這就使得對中華文化保存完好的台灣有大展身手之機會。

正是基於民心相通極為重要，中共甚至在2015年3月發佈詮釋一帶一路的權威文件中（詳見附錄），特別強調將「每年向沿線國家提供一萬個政府獎學金名額」。這是該文件鉅細靡遺的項目表述之中，唯一存在的具體資料，可見其重視程度。

總而言之，民心相通之主要施力方向在於「花錢賺吆喝」（雖然合辦也有經費支出），意圖以各種形式之溝通，加深雙方理念的瞭解，達到降低、排除「互聯互通」當事國的民間阻力與障礙之目的。

這對具備文創基礎又有一顆聰明腦袋瓜的台灣人來說，應是輕而易舉、千載難逢之商機。

誰來幫民進黨打一場「獨立戰爭」？

2015年11月9日，兩岸曾迎來高光時刻，中共總書記習近平與當時的總統馬英九在新加坡會面，雙方就「推進兩岸關係和平發展」交換意見。

習近平於一番「我們是打斷骨頭連著筋的同胞兄弟，是血濃於水的一家人」之溫情喊話後，釋放善意的明確提出：「歡迎台灣同胞參與『一帶一路』建設，也歡迎台灣以適當方式加入亞投行」。

可惜台灣沒有接住「橄欖枝」，甚至一切美好與希望，於民進黨執政之後化為烏有。

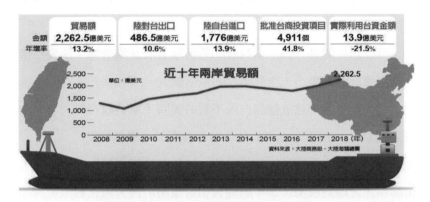

2018年兩岸貿易關鍵數字

ECFA早收清單執行情況

項目	中對台開放	台對中開放
ECFA貨貿早收	521項 包括石化產品88項、 機械107項	267項 包括石化產品42項 、機械69項
貿易值*	116億美元	13億美元
貿易成長率*	-16.9%	-2.24%
ECFA服貿早收	11項，非金融業8項	9項，非金融業8項
累計投資	9.1億美元	4.4億美元

註 *時間均為今年1到7月
資料來源：經濟部　　圖：資料照　　製表：記者黃佩君

注：時間均為2019年1月到7月

眼看著2010年6月簽署，開啟兩岸經貿制度化合作的《海峽兩岸經濟合作框架協議》 注3 已屆期且續簽困難重重，而加入「區域全面經濟夥伴協定」 注4 又基本無望的窘境下，台灣經濟前景實不容樂觀。這根本不能稱之為「邊緣化」，而是置身於脫離地球表面的「邊緣之外」，那才叫一個「慘」字！

可以想見的是，民進黨政府如若仍執著於意識形態，錯失一帶一路之難得機遇事小，全民陪葬的茲事體大。

退一萬步說，意欲依靠自顧不暇的美國人幫蔡政府打一場台灣「獨立戰爭」，是否存在可能性？會不會過於一廂情願？

特別想要強調的是，如前所述，30年前的兩岸對比，台灣堪稱全面領先之絕對優勢，20年前尚有相對優勢可言，現在看來，局部優勢已屈指可數矣，可謂是「30年河東，30年河西」！

更可怕的是，目前僅存的幾項優勢、科目，隨著一帶一路的深化，台灣將完全喪失互補性的可利用價值，屆時的台灣將如何自處？如何「拒敵於千里之外」？

注1 王永慶（1917年1月18日～2008年10月15日）：台灣台北市人，祖籍福建泉州安溪。生於台灣日本殖民時期台北近郊的直潭（今屬新北市新店）、逝世於美國新澤西州。台塑集團創辦人，被譽為台灣的「經營之神」。

1954年籌資創辦台塑公司，1957年建成投產。靠「堅持兩權徹底分離」的管理制度，發展成為台灣企業的王中之王。當時與台塑

集團企業有著存亡與共關係的下游加工廠超過1500家。曾在台灣的富豪中雄居首席，在世界化學工業界居「50強」之列，是台灣唯一進入「世界企業50強」的企業王。2008年5月12日四川汶川發生地震後，王永慶捐款一億元人民幣用於恢復建設。

注2　亞洲四小龍：是指從20世紀60年代開始，亞洲的香港、台灣、新加坡和韓國推行出口導向型戰略，重點發展勞動密集型的加工產業，在短時間內實現了經濟的騰飛，一躍成為全亞洲發達富裕的地區。

　　它們利用西方發達國家向發展中國家轉移勞動密集型產業的機會，吸引外國大量的資金和技術，迅速走上發展道路，成為東亞和東南亞地區的經濟火車頭之一，國際社會普遍皆視「亞洲四小龍」為發達國家及地區。

注3　《海峽兩岸經濟合作框架協議》：簡稱ECFA；2010年1月26日，ECFA第一次專家工作商談在北京舉行。2010年6月29日，兩岸簽訂合作協定。2010年8月17日，台灣立法院通過《海峽兩岸經濟合作框架協議》。它實質上是兩個經濟體之間的自由貿易協議談判的初步框架安排，同時又包含若干早期收穫協議。

　　ECFA為期10年，2020年6月到期。

注4　區域全面經濟夥伴協定：簡稱RCEP，由東盟十國發起，邀

請中國、日本、韓國、澳洲、紐西蘭、印度共同參加（「10＋6」），透過削減關稅及非關稅壁壘，建立16國統一市場的自由貿易協定。它是由東盟國家首次提出，並以東盟為主導的區域經濟一體化合作，是成員國間相互開放市場、實施區域經濟一體化的組織形式。若RCEP成功，將涵蓋約35億人口，GDP總和將達23兆美元，占全球總量的1/3，所涵蓋區域也將成為世界最大的自貿區。

延伸閱讀之六

功敗垂成之王永慶「海滄計劃」

台塑集團已故創始人及掌舵者王永慶曾於1986年向台灣政府提出計劃在雲林麥寮興建第六輕油裂解廠（簡稱「六輕」），不料遭到當地居民強烈反對，並發起大規模示威抗議活動。眼看著化工企業在台灣經營越來越困難，王永慶只好將目光投向海外。

大陸為王永慶「一路開綠燈」

這個時候大陸改革開放的熱潮如火如荼，且台灣亦已逐步開啟兩岸互動，分別於1987、1989年允許台灣人赴大陸探親及旅遊，於是1989年11月30日，這位台灣當時的首富及石化業巨頭，便踏上了前往大陸展業的征途，並受到鄧小平、楊尚昆（時任國家主席）、李鵬（時任國務院總理）、朱鎔基（時任國務院副總理）等政要接見，可見大陸對其來訪期盼之深。

經過一番實地考察之後，王永慶選址在廈門的海滄，鄧小平親自決定釋出1萬公頃土地、準備5,000公頃的漳州土地支持，並計劃將兩塊土地合起成立特區。足可說明共產黨對「海滄計劃」的無比強大之信心與決心，亦凸顯當時百廢待舉的大陸，是如何寄希望於台商對改革開放所可能帶來的別具意義之效益。

一切順利必有「貓膩」

根據北京清華大學台灣研究所研究員黃德海撰寫的《篳路藍縷：王永慶開創石化產業王國之路》一書中披露，為凸顯王永慶「登陸」投資的意義，大陸把王永慶準備在海滄投資的石化項目先是命名為「1130工程」，後來一律改為「901工程」，前者是紀念王永慶1989年11月30日首訪大陸，後者則在紀念「海滄計劃」在1990年1月開始商談，可見重視程度。

為了回應大陸的鼎力支持，王永慶也作了「交心式」的表態：「與其到國外投資，不如將資金投到大陸，即使丟了，也是丟在大陸。『901』工程大概要做5年，我現在73歲，等我83歲時，就到廈門來定居」。

上述種種，均為雙方當時的「濃情密意」寫下最好之注腳。

非僅如此，為了順利推動「海滄計劃」、解除王永慶的各種疑慮，共產黨不但將本來考慮在大陸各省設置的14個輕油裂解廠計劃項目全部停掉，還破例核准王永慶臨時提出的產品由百分百外銷，轉為百分百內銷的苛刻要求。

經過3年磋商，1992年11月6日，雙方終於就海滄投資條件達成共識，時任國務院總理李鵬還為此在釣魚台國賓館舉行盛大宴會，慶祝合作順利、成功，並作好隨時與王永慶簽署合約的實質準備。

郝伯村領銜硬槓海滄

可惜人算不如天算，規模龐大、耗資驚人的「海滄計劃」觸動

了兩岸政治敏感神經，李登輝及時任行政院長的郝柏村對王永慶的舉動大為惱火，認為海滄計劃帶給台灣政治衝擊遠比經濟傷害還來得大，於是給王永慶下了「停止運作」的最後通牒。

郝柏村甚至揚言：如果王永慶敢與大陸簽署海滄計劃，行政院將：一、責令有關部門停止台塑集團三家母公司（台塑、南亞與台化）的股票交易；二、責令相關銀行凍結台塑集團的資金往來；三、限制台塑高層人員出境。

這三條罰則堪稱招招致命！哪怕僅選擇其一執行都將使台塑集團傷筋動骨，迫使王永慶只能暫緩簽約，與台灣政府展開遊說與溝通，而結果則是隨著兩岸局勢趨於嚴峻，轟動一時的海滄計劃，就此折戟沉沙、功敗垂成。

在兩岸政治角力、懸而未決的過程中，「901工程」一拖三年，據說，當時主管經濟的副總理朱鎔基甚是不爽，認為大陸給足了優惠條件，台灣方面還故意刁難，「實在不識抬舉」，因此也放了狠話：不能再等了，如果還是不能定下來，就撤掉！

最終「如願以償」，這項投資終究宣告取消。

王永慶刮起台商「登陸」首波「熱氣旋」

事後王永慶曾多次感慨提及：「所謂失之毫釐，差之千里，當時一步之差，『海滄計劃』未能推動實施，所造成的差異極為可觀」。

他指出「當台灣眾多加工業者感受到因為工資普遍提高，已經

逐漸喪失國際市場的競爭條件，為了謀求持續經營，不得不將生產線外移往工資不到台灣1/10的大陸做法，此一情形就像水往下流一樣，完全不是人為力量所能阻擋」。

雖然「901」工程受制於政治因素停擺了，但隨之刮起的「登陸熱氣旋」，卻使大批台商絡繹於途，為兩岸經貿交流打下了不可撼動之牢固基礎。

此外，值得一提的是，早在1990年1月的等候簽約期間，王永慶就預付了1,000萬美元訂金，在項目以失敗告終後，廈門市政府多次提出返還，但王永慶堅持不收，經協調的折衷方案是將訂金轉贈給廈門用於公益事業，最終建成了海滄醫院、廈門眼科中心大樓、集美大學教學大樓三個項目，如今看來，反倒促成了一段台商投資的佳話。

延伸閱讀之七
台商「西進」潮起潮落

　　1987年台灣開放老兵回鄉探鄉、1989年開放兩岸旅遊之後，冰封近40年的國共關係進入解凍狀態。通過雙方的頻繁互動，加之台灣解除外匯管制（1987年7月），允許企業對外投資，及大陸於1988年6月發佈《關於鼓勵台灣同胞投資的規定》，有如及時雨，為台商赴大陸投資興業，提供了法律保障與政策指引，從而使商機蠢蠢欲動。依大陸統計，1989年台商對大陸投資項目計540個，協定金額5.5億美元，實際利用台資1.5億美元。

第一波投資潮由王永慶點燃

　　尤其是1989年6月4日，北京發生「6・4天安門事件」之重大政治騷亂，導致大量外商撤資離開，台商則借機加快對大陸投資步伐。

　　有一位朋友在事後親口告訴我一個神奇的經歷：在飛往北京的航班上，只有我一名乘客，宛如包機……。可見當時跨國企業界驚恐的程度，而台商則是明知山有虎，仍勇往直前。

　　其中最具指標意義、轟動效應的，非王永慶於1989年11月30日首訪大陸，並準備投入70億美元，在廈門興建煉油與石化廠一貫化體系的「海滄計劃」莫屬。其對台商赴中國大陸投資產生了至為關

鍵的示範與帶動作用，並形成台商對大陸投資的第一次高潮。

就在王永慶「登陸」的兩個月後，台灣適時於1990年1月公佈
《對大陸地區間接投資或技術合作管理辦法》，在相當程度上加速
了台商對大陸投資的熱情。

資料顯示，這一時期台商對大陸投資的特點是：「台灣接單、
大陸生產、產品外銷」的「兩頭在外」的運作模式，平均外銷比率
達85%；投資主體以中小企業為多，投資規模偏小，平均每項投資
金額不足100萬美元；投資方式則以合資或合作經營為主，獨資企
業較少，主要是考慮人生地不熟需要「熟門熟路」的當地企業帶
路，以策安全。

第二波投資潮由鄧小平催生

1992年春，鄧小平南巡，解決了吵嚷不休的「姓資還是姓社」
的困境，大陸經濟獲得新的發展機遇，台商看好大陸經濟迅速發展
的時機，加快、加大進軍的步伐與佈局，形成台商對大陸投資的第
二次高潮。

依大陸統計，1992年～1994年三年間，台商對大陸投資項目計
2.3萬家，協定金額200餘億美元，實際投資額75.8億美元。其中
1992年台商對大陸投資協定金額僅次於香港，躍居大陸吸引境外
投資的第2位。

惟好景不長，1995年6月7日～10日，李登輝以私人名義訪問美
國，並在其攻讀博士的母校康乃爾大學發表演講，暢談「中華民國

在台灣」，令堅持「一個中國」的大陸極為不滿，甚至於當年的7、8、11月及2016年3月，在台灣海峽及其附近海域進行4次包括試射導彈在內的大規模軍事演習，導致兩岸關係重回緊張狀態。

　　加之台灣經濟結構調整與大陸經濟環境開始出現敵強我弱的微妙變化，促使李登輝於1996年9月14日年祭出「戒急用忍」 注1 的「緊箍咒」，嚴格限制大企業、高科技產業對中國大陸投資，乃至受到1997年亞洲金融危機的影響，台商對大陸投資開始出現明顯滑坡。

第三波投資潮由陳水扁發動

　　時序進入2000年，阿扁因國民黨分裂以超過宋楚瑜不到3%的些微差距（陳水扁39.3%、宋楚瑜36.84%）當選總統。

　　由於是民進黨有史以來首次執政，角色扮演與以往「只負責反對」的長期在野黨狀態完全不同，再加上缺乏可用人才，在執政初期還曾聘任不少國民黨人擔任，包括行政院長（曾任國防部長的空軍退役四星上將唐飛）在內的要職。可惜「調性」落差大、內訌不止，尤其財經政策更是毫無章法、忽左忽右，使台灣投資環境趨於惡化，經濟形勢不容樂觀。

　　就在這個時候，大陸傳出「即將獲准加入世貿組織」的消息（2001年12月正式生效），台商加快向大陸尋求發展機會，於是從2000年開始，台商對大陸投資出現第三次高潮。

　　依大陸統計，2000年到2002年，大陸批准台商投資項目合計

12,131個，協定台資金額176.3億美元，實際投資94.9億美元。

　　累計到2002年底，台商對大陸投資項目55,673個，協定台資金額累計614.7億美元，實際投資金額累計332.9億美元，分別占大陸全部利用境外資金的13.1%、7.4%與7.4%。若將通過第三地轉投資大陸的金額計算在內，台商應是僅次於香港的大陸第二大境外投資者。

如今的上海，也是台灣人的上海

　　縱觀台商投資類型的變化，初期以製鞋、塑膠、紡織、基本金屬等低端、傳統與勞動密集型產業為主；第二波投資升級為消費性電子產品、化工、運輸工具、建材水泥、玻璃、食品飲料等產業；第三波投資則以電腦、電子資訊、半導體、精密機械等資本與技術密集行業為主導。

　　除在製造業領域的層次提高外，台商投資範圍也不斷擴大，涉及房地產、商業、金融、保險、證券、風險投資、旅遊、專業服務、資訊廣告、醫療、教育、媒體等諸多領域，有如螞蟻雄兵般無所不包。

　　在區域選擇方面，初期以廣東為主的珠三角，逐步推進至以上海、蘇州為主的長三角；尤其在我將之稱為「中國大陸經濟首都」的上海，更是台商各類型服務業雲集之所在，號稱在滬台商及其眷屬超過五十萬人之眾！

2019年台灣對中國大陸（含香港）出進口主要貨品別比重

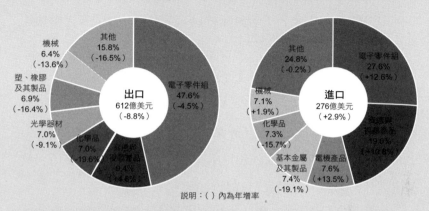

說明：（ ）內為年增率

資料來源：財政部

　　曾經，一塊掛在上海最繁華市中心，靜安區南京西路高檔辦公大樓外牆上的「台灣銀行」四個大字，是無數台商的心中溫暖，每當車行途經延安高架時總要抬頭看看，且寄鄉愁於此。

　　可惜這棟原本屬於台商的商業樓宇於2018年轉售，因新接手的業主索要的租金價格太高，台灣銀行只能無奈割捨……。而這其中是否因民進黨執政加強「去中國化」，使兩岸關係重新陷入僵局所導致盡在不言中的結果，則只有天知道。

連宋落選，是兩岸從此再也回不去之開端

　　這段關於「台商西進」的簡單歷程描繪，恰似濃縮版一帶一路當中有關「走出去」之雛形，差別在於「台灣產業轉移潮」除了勞

工薪資上漲、環保壓力、台灣統獨內耗之外，也與幣值調整有關。美國以「貿易不公平」、「台灣順差過大」為由，強逼新台幣快速升值。

1983～1989年的6年間，新台幣從40.27元兌換1美元，升值到26.16元兌1美元，猶如溫水煮青蛙般，逐漸使淺盤式經濟形態的台灣出口受到前所未有之重壓，產業生存環境極為嚴峻。這種情況與1885年美國聯合英法德列強和日本簽訂「廣場協議」 **注2** 所引發幣值猛升、產業外移的情況有雷同之處。

對當時的台灣來說，最佳選擇自然是「西進」將全部或部分產業轉移至同文、同種、同語言的大陸繼續經營，以充分利用其改革開放所帶來的各種紅利，進而壯大自己。這事實上也是2004年連戰與宋楚瑜搭檔代表國民黨競選總統、副總統時，所提出之政見——建設台灣成為亞太營運中心 **注3** 的主要依據：以大陸為發展腹地，台灣則擔當國際（尤其是日本）中轉大陸或「引路人」的角色，從而使台灣成為「前進基地」、「橋頭堡」之產業價值鏈「頂端存在」的完美經濟策略。

可惜連宋被陳水扁的「兩顆子彈」 **注4** 重擊，以極其微弱差距的不到3萬票（0.228%）落選，比四年前不到3%的差距，更令藍營感到悲憤。

從此亞太營運中心進入閉關、塵封狀態，即使偶有政治人物提及，也只是嘴巴說說而已，沒有或難有任何實際作為。

上市櫃公司大陸投資獲利及匯回金額

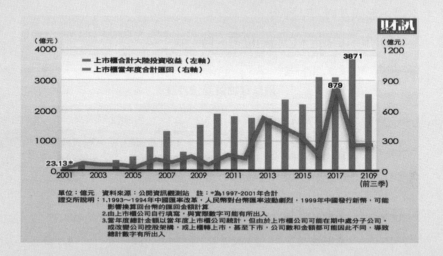

單位：億元　資料來源：公開資訊觀測站　註：*為1997-2001年合計
證交所說明：1.1993~1994年中國匯率改革，人民幣對台幣匯率波動劇烈，1999年中國發行新幣，可能
　　　　　　影響換算匯回台幣的匯回金額計算
　　　　　2.由上市櫃公司自行填寫，與實際數字可能有所出入
　　　　　3.當年度總計金額以當年度上市櫃公司統計，但由於上市櫃公司可能在期中處分子公司，
　　　　　　或改變公司控股架構，或上櫃轉上市，甚至下市，公司數和金額都可能因此不同，導致
　　　　　　總計數字有所出入

台灣錯失與大陸經濟融合的最佳時機

　　畢竟，大陸已今非昔比。80年代初，台灣經濟實力堅強甚至處
於鼎盛時期，而大陸則剛從泯滅人性的文革中緩過神來，雖不至於
衣不蔽體、食不果腹，但以一窮二白名之則恰如其分。那個年代李
登輝曾講過一句恫嚇台灣人的「名言」：兩岸一旦統一，大陸人會
把台灣人的錢全分光、搶光。以當時狀況來說，所言看似有三分道
理，也讓不少台灣人心生對「統一」的恐懼。惟如此「分化」的結
果，使台灣的地緣價值慘遭埋沒！

　　彼時國際之間對開放不久的「鐵幕」大陸缺乏瞭解，同樣的，
大陸對國際形勢也懵懵懂懂，對未來走向「一知半解」（摸著石頭
過河），確實需要台灣這個同胞、鄰居在各個領域的支持與協助，

而台灣也的確非常適合作為大陸對外接觸的橋樑角色與功能，久而久之，形成互補乃至融合。

可惜現在來看，已時過境遷、時不我予矣。

兩岸貨物貿易依存度

年度	貨物貿易依存度		附加說明指標	
	大陸對台灣貨物貿易依存度	台灣對大陸貨物貿易依存度	對台灣貨物貿易總額（大陸統計）（億美元）	對大陸貨物貿易總額（大陸統計）（億美元）
2009	4.81%	20.72%	1062.28	793.97
2010	4.89%	21.38%	1453.70	1142.05
2011	4.39%	21.52%	1600.32	1293.39
2012	4.37%	21.26%	1689.63	1240.98
2013	4.74%	21.63%	1972.81	1274.68
2014	4.61%	22.26%	1983.14	1339.92
2015	4.76%	22.71%	1882.05	1186.76
2016	4.87%	23.07%	1795.91	1178.70
2017	4.86%	24.11%	1993.75	1390.24
2018	4.88%	24.20%	2257.78	1506.01

大陸文革早已結束，台灣卻方興未艾

一個實際的案例是，當時中國大陸某城市社會科學院準備舉辦國際級別的年度學術研討會，但沒有對口的國外專家資源，於是求

助台灣某大學知名教授，希望能代為邀約，但台灣方面基於資源寶貴予以婉拒；誰曾想，兩年後該教授應邀參與研討會，到場出席、發表論述者有不少是諾貝爾得獎級別之專家學者，可謂冠蓋雲集，該教授雖不至相形見絀，但也歎為觀止，且認為自己當初的殘忍拒絕並非明智。

告訴我這件事的，正是親身經歷者的「該教授」。

再看看當前的兩岸發展形勢，台灣除了作為大陸產業鏈配置的基地之外，經濟陷入窘困狀態，早已不復當年「亞洲四小龍」之威風，而這只是在短短20年間所發生之翻天覆地的改變。對許多眼睜睜看著大陸改革開放後的崛起，及眼睜睜目睹台灣由富裕進入文革式政治內鬥的斷崖沉淪之台商來說，頗有今夕何夕之感歎！

台商「登陸」考察的狀態反映經濟實力

雖然已時隔多年，我還清晰的記得，在1992年與1999年分別組織「大陸房地產考察團」的情景與心態差異。

1992年時，我在台北、台中、高雄均設有公司，以發行針對房地產業內的研究刊物「衛民不動產市場週報」為主營業務。鑑於台灣已開放赴大陸探親與旅遊，相關商機湧動，我尋思著：以房地產及其研究之在地化屬性與特質（城與城之間樓市表現差異大，遑論國與國），要成為「跨國企業」難如登天，但將觸角伸向大陸升級為「跨境企業」，應該事有可為，於是利用既有人脈，積極籌組赴大陸考察房地產近十團，邊看邊尋找機會。

　　當時讓我印象深刻的是：大陸各個單位不論官方或相關機構都極好邀約，而且熱情好客，甚至幾乎全部要求屆時設宴款待，以便更好的交流、溝通（當然是基於「招商引資」與統戰目的）；與之相對的則是團員們懶散與不上心的狀態。

　　一般情況下，被拜訪單位會安排簡報、參觀、用餐之「三部曲」，要報人數時，告知對方約40人與會，結果實際到場有時不及20人，多數人不是昨天玩太晚就是沒啥好聽的，以致缺席官員簡報，即使出席者也多是心不在焉、左耳進右耳出，鮮有人認真做筆記；而官方則似乎也習慣了，依然「正經八百」的介紹到大陸投資的應注意事項及相關法令、法規，這種情況讓我極為尷尬。

二分考察，八分玩耍，以「玩」為主

　　在行程中，團員總是嘻嘻哈哈，有如度假般，以看風景及打撲克牌消磨漫長的車上時間（跨城行車在當時路況動輒4～5個小時很正常），到達拜會或考察地點，則是走馬觀花、淺嚐即止，對到訪大陸更多的是滿足好奇心與尊榮感──那個階段的大陸確實「窮得滴滴答答」。

　　重頭戲反而是在晚上，一堆人也不知從哪兒打聽到的「K房」（陪酒陪唱），總能在不同城市夜夜笙歌（其實問計程車司機就知道了），然後隔一天白天作為愉快談資，各自吹噓奇遇，由於內容過於腥羶，難登大雅之堂，便不予描繪。

　　總之，我對多數房地產業者之參團目的整體感受是「二八開」——「二分考察，八分玩耍」，以「玩」為主。

　　至於我呢？由於1992年時中國大陸仍在實行「公房制」，雖有「外銷房」（只能以美元購買的房產，也稱為「僑匯房」），但占比甚低，因此並不存在真正意義的房地產市場，只好在組團考察了一年多之後，黯然返台。

重啟大陸考察，境遇大不相同

　　時間到了1999年，台灣遭受1997年東南亞金融風暴的衝擊與後續影響，經濟環境大不如前；加之大陸於1997年啟動「房改」 **注5** ——要住房找市場，不要找市長。我判斷時機似乎漸趨成熟，於是又開始組織大陸房地產考察團，因為已有之前成功舉辦相關活動的名聲在外，不少社團如：中華民國建築經理公會、台中市建商公會、高雄市（縣）建商公會……等代表性單位，紛紛委託我安排拜會、參訪行程，我欣然應允並著手進行。

　　這個時候我明顯感受到了與7年前完全不一樣的氛圍與狀態，在兩岸皆是如此。

　　1992年時，別說局處長，連市長甚至部級幹部都能輕易或不太難的邀約洽談、拜會，但1999年時大概只能到達司局級官員，再往上便頗為費勁了。

我的「嚇四跳」之奇幻遭遇

我還記得很清楚，1992年與中央級的國土局局長相約碰面（後來與建設部合併），開始了我的「嚇四跳」之行。

到了他的辦公室我就嚇了第一跳，極其簡樸，約20平米的辦公室只有一張辦公桌及單薄的單人鐵床（是的，就放在距離辦公桌不及一米的牆角），談完事情之後，他邀請我坐他的車一起去吃晚飯，於是我們出了辦公室往他的專車前進，定睛一看，嚇了第二跳，基本上就是個裕隆級別的二手車（當年的裕隆堪稱是台灣中低檔的國民車），而且看起來車齡最起碼不低於20年，儘管外表擦拭得很乾淨，但歲月的痕跡卻難以遮掩。

上了車之後就更神奇的嚇了第三跳了，內部陳舊到不可思議，我與他並坐的後座，竟然是在長期使用、已年久塌陷、原來的坐墊之上，再加上一塊長條形的海綿坐墊（如果沒記錯的話是棗紅色的），看得出來那個「新的」坐墊也用了不短時間，尼龍的布料已泛白。

更有趣的是，由於是在舊坐墊下加了新坐墊，因此明顯高出一截，人坐下去之後，頭髮隱約可感受已觸碰到車頂（絕非錯覺），車行過程中碰到坑洞時還必須警覺（其實是不自覺的下意識動作）的縮一下腦袋，否則完全可能直接撞到車頂，一路駛來算是「驚心動魄」，倒是我旁邊這位局長那絕對是一派輕鬆、安之若素，令我佩服不已。

那個畫面之突兀，至今想起仍不免啞然失笑。

到了用餐的地方，才知道這家餐廳是國土局自己投資興辦的企業，與會近十人，均為各司處級幹部，利用餐敘機會向局長爭取預算。這嚇了我第四跳：原來那個時候政府部門是可以經營包括餐廳在內的營利事業的，之前只是聽說，現在總算是身歷其境了。

司長只「配騎」腳踏車

飯後這位局長在送我回賓館的路上，還盛情邀約到他家坐坐，當時年少輕狂、不諳世事的我竟然婉拒了，真應該到他家看看一個中央級別的高官住的是什麼樣的房子？且不管後續的發展能否有所幫助，至少「多個朋友多條路」。

後來這位局長官運甚為亨通，期間也見過幾面，直到覺得他官太大，「相見不如懷念」為止。

這件事之所以記憶如此深刻，一方面他是我所認識、有來往的官員中位階最高的，更重要的是，他辦公室的鐵床及「座駕」，給我留下永生難忘的印象，一個堂堂中央級別高官之配車竟然如此破爛，其他等而下之的官員在那個時候大概只能騎騎腳踏車了。

絕不是開玩笑，當時建設部有一位司長私下相約在我下榻的酒店大堂，見面第一句話是：我騎腳踏車過來……；表情極其自然，「司長」之職雖不致位高權重，但好歹也應該是個四、五品官員吧……；上述林林總總對初來乍到大陸的我來說，都是甚為有趣的新鮮體驗，也足以顯現當年的大陸貧窮程度，連高官都如此「親民」。

吃過「上家吃完，下家接著吃」的火鍋？

　　到了1999年時，「畫風」就變了，完全不再是那麼回事。畢竟改革開放已風風火火的進行了20年（始於1978年12月18日），「有中國特色的社會主義」的大陸發展，由最初跌跌撞撞、反反覆覆、進二退三的「瞎折騰」，逐步進入到「摸著石頭過河」、「提槍快跑前進」之騰飛狀態。

　　那些我們認為「土得掉渣」或深感不可思議的各種狀態與不文明行為，已經越來越少見，如：隨地吐痰；涼鞋穿襪子；穿睡衣、拖鞋逛百貨公司；廁所沒門；在重慶吃火鍋，上一家吃完，下一家接著吃，油都不用換，「幸運」的還可以撈到上家「遺留」下來的火腿腸……等。

　　當然，也可能跟1999年考察團只鎖定上海有一定的關係。1992年時的行程是以沿海「經濟特區」及直轄市為主，往往今天剛到廈門，明天就要飛往天津，安排得相當緊湊，上海在當時則相對進步些。

　　即使如此，其實情況也好不到哪兒去。夏天晚上屋內悶熱難擋（絕大多數家裡沒有裝空調），因此滿大街上睡人，有的席地而臥，有的躺在涼椅上；一大早一大堆人提著夜壺傾倒穢物；洗澡得去公共澡堂；燒菜要左鄰右舍輪流使用灶台（稱不上：廚房）……等「72家房客」的生活模式，在上海也是稀鬆平常，這對已經進入現代化狀態的台灣人來說，莫不嘖嘖稱奇、感到不可思議。

「上海風」曾席捲台灣

為什麼1999年只鎖定上海？因為此時的台灣正在流行「上海風」，一週竟有三家電視台在暢談上海，甚至有一檔節目還開闢專欄，由上海人一天教講一句上海話，這個穿著「十里洋場」時期的旗袍、操著一口流利「吳儂軟語」的女子，也因此走紅了好一陣子，此人即為與已故諧星倪敏然自殺有關的夏褘。

再加上有人出了一本書專門敘述在上海的精彩生活經驗及開火鍋店發家致富的過程，此人叫陳彬。於是更多人對紙醉金迷的上海充滿好奇、嚮往甚至躍躍欲試。

對我而言，則是考慮台灣的政爭已不可調和，且勢必越演越烈，前景實在不敢樂觀。我當時常講一句話：留守台灣是等死，走出台灣是找死，找死不一定找得到死，等死卻一定等得到。

那個時候（1999年）的心境與1992年意欲成立「跨境機構」的雄心壯志不可同日而語，已從妄圖壯大、發展，萎縮至生存考慮，內心之悲涼難與人言。

當然並非只有我身處在那個狀態，而是多數人都感同身受。從考察團的啟程日開始與結束的團員表現，就能明白其中差異。

重回小學生勤做筆記

約訪拜會單位時告知應有50人到場，結果一個不少，甚至還多了（有人把他已在上海的台商朋友也帶上了）；簡報進行時，各個振筆疾書，宛如小學生聽講，結束時還把官員團團圍住，既「套近

乎」，也追問演講細節。K房不去了，晚餐也自行料理了（「設宴款待」則反過來變成是邀請官員出席），整個過程堪稱「一九開」——九分考察，一分玩耍。而所謂的「玩耍」其實就是風景區參觀、遊覽。

讓我感慨萬千、感觸良多的是，7年時間說長不長，說短不短，總統的兩屆任期都還沒結束呢，兩岸翻天覆地的變化、剛好相反之走勢，莫不讓人膽戰心驚與捶胸頓足，只能說命運弄人至此，徒呼負負亦無可奈何。

從2000年初阿扁當選那天，下定決心離開台灣迄今，我在中國大陸整整停駐了20年，看盡無數台商進進出出，有成功，有失敗，有半死不活，有紅紅火火；在長期與台商互動的過程中，許多人動輒為當地人不文明、不禮貌的言行，氣得夠嗆，而我總是好言安慰他們：我們為何而來？如果本地人也跟我們一樣有相同的視野、價值觀與判斷力，乃至文明、講禮貌，我們反而要擔心了，因為他們跟我們一樣進步了，那麼我們還有競爭優勢嗎？所以當我們走在路上看到還有人在闖紅燈、吐痰、插隊……等「野蠻人」行為，應該感到高興與釋懷。

那麼現在又是什麼情況呢？不文明的人長大了，越來越懂禮貌，闖紅燈也知道看看有沒有警察在？至少「與時俱進」了；而台商呢？「死的死」、「逃的逃」（請用台語發音），越來越多「結束營業」回去，越來越多為了找工作的青年台勞蜂擁進來。大陸人走在前途燦爛、充滿機遇與挑戰的一帶一路，台灣人則走上不知方

向、坑坑窪窪的絕路。

　　尤其令人感到痛心的是，在政黨惡鬥、綠營操弄之下，台灣最美麗的風景，不再是人，兩岸只差同胞相殘、兵戎相見矣，該哭？該笑？我不知道，你知道嗎？

注1　戒急用忍：1996年李登輝提出「戒急用忍」政策，大幅限制企業赴大陸投資，把兩岸經貿套入一個緊箍咒中。

　　其政治上的想法當然是避免讓台商協助大陸壯大，經濟上的背後理念則是「中國崩潰論」，認為大陸的金融呆帳高、環保惡化、通膨走高、國企下崗嚴重，遲早經濟會崩潰。因此台灣先啟動南向政策，之後就祭出「戒急用忍」政策，以與大陸進行切割。

注2　廣場協議：20世紀80年代初期，美國財政赤字劇增，對外貿易逆差大幅增長。美國希望通過美元貶值來增加產品的出口競爭力，以改善美國國際收支不平衡狀況，所以簽訂此協議。

　　廣場協議的簽訂得到日本大藏省（2000年前的日本主管金融財政的部門）的強力推動。當時日本經濟發展過熱，日元升值可以幫助日本拓展海外市場，成立合資企業。廣場協議簽訂後，日元大幅升值，國內泡沫急劇擴大，最終由於房地產泡沫的破滅，造成了日本經濟的長期停滯。

注3　亞太營運中心：是台灣曾經推動的主要經濟建設政策之一。

所謂營運中心，是指六項專業中心，包括：製造中心、海運轉運中心、航空轉運中心、金融中心、電信中心和媒體中心。

最早是由日本經濟學者「大前研一」在1993年間提出，當時台灣採納了這個想法，並將「推動台灣成為亞太營運中心」作為接下來國民黨的經濟政策主軸與口號。

但由於政黨輪替和國際情勢的變化，發現本計劃推動並未如預期中順利。2000年當選的陳水扁將計劃改為建設台灣成為「綠色矽島」，因此亞太營運中心計劃進入歷史。

注4　兩顆子彈：2004年3月19日，台灣領導人選舉前一天，在街頭拉票造勢的民進黨正副總統候選人陳水扁、呂秀蓮，分別被混在人群中的槍手開槍擊中，一顆子彈擦破陳水扁肚皮，另一顆子彈打在呂秀蓮的膝蓋上。因「兩顆長眼睛的子彈」，民進黨民調落後的情況發生了180度的翻盤。助陳水扁勝選的「兩顆子彈」槍擊案，因開槍者和調查者神祕死亡、作案現場關鍵證據神祕丟失，至今仍是懸案一樁。

注5　房改：1997年啟動的住房制度改革，主要的政策變動是由原來的行政手段、福利性質、實物分配制度，轉變為按勞分配為主的貨幣分配制度。職工根據自己的經濟承受能力，透過向市場購買或租賃住房解決住房問題，滿足住房需求。

簡言之，要住房找市場，不要找市長。

柒

一帶一路的隱憂與風險

大局為重，不計「一城一地之失」——一旦合力，摧枯拉朽

由於一帶一路是跨越國境的工程建設與合作，具戰略性與長期性的特徵，其絕對難度不在於技術、資金或人才，而在於對所在國及其外交形勢瞭解程度，對施工所在區位地理、水文狀態的掌握，乃至對通關程序、相關法令法規及當地民情、環境的熟悉。

畢竟不同國家與地區不但政治體制、歷史、文化、宗教、意識形態千差萬別，應對當前經濟形勢與社會領域存在問題的看法，及解決問題的方式也各不相同。

風險把控是重中之重

尤其一帶一路沿線本就存在一些地緣政治或經濟走勢動盪不安的區域如：中東；有些國家甚至動輒發生政變如：泰國，自1932年迄今已發生18起軍人推翻民選政府的亂象；因此就算一切按計劃進行，仍有可能突生變故，導致針對單一國家所投入的各種資源面臨血本無歸、化為泡影之窘境。

亦即政治風險威脅政策溝通之成效，「設施聯通」需要應對施工安全風險，「貿易暢通」和「資金融通」易受經濟、金融風險影響，民心若不能相通，則將陷一帶一路於道德風險之中，可謂危機四伏、風險與隱憂無處不在。

加之一帶一路所推進者，多是項目龐大之基礎設施，投資週期長、資金需求量大，運行與維護所費不貲，且涉及領域寬泛、所在

地區遼闊，一旦出現事先未能掌握之變數，其解決往往事倍功未必半，因此「防患於未然」、「有效把控風險」是重中之重。

必須要瞭解的是，一些國家對一帶一路的願景與行動並不見得認同，純粹是基於便宜不占白不占的心態，與中國大陸協同進行互聯互通的基礎設施建設，等到事成之後以各種理由、藉口，阻擋後續合作事項的進行。

有些國家則是投資環境複雜，法令法規充滿模糊地帶與不確定性，倘若雙方認知出現分歧，易產生不必要之爭端；更慘的狀況是一些國家內政不穩定，動輒政黨輪替、改朝換代，導致不能履行既定承諾；遑論時不時還有部分歐美國家故意製造的官方與民間矛盾，甚至施加政治壓力，均加劇風險係數的提升。2020年4月份美菲關係的微妙變化（杜特蒂突然對美展現親善），堪為其中典範。

總有變數不期而至

根據文獻資料顯示，早在一帶一路推進之前，中國大陸在國際商務領域就曾發生過多起對「國情誤判」的法律風險。

其標誌性事件之一是，2005年「中石油併購PK公司案」。所在國的哈薩克以緊急立法方式，限制中國大陸企業之跨國併購，迫使中石油以14億美元將自己已經購得的33%的股份出售給哈薩克國有石油公司，否則哈薩克政府將不批准該項併購申請，致使中石油不能全資擁有PK公司。

之二是，2015年3月，國務院國資委批復同意「中國南車」與

「中國北車」兩家公司合併,卻絲毫沒有想到南北車在國外有很多業務,合併需要遵循當地法律,取得反壟斷監管機構的許可;由於中國大陸公司以往在合併時極少出現類似情況,因此過程中頗費周折。

除此之外,還有「信用違約」風險。2009年9月,「中海外」得標波蘭一段高速公路的修建工程,這是歐盟國家首個正式交付給中國大陸的建築工程。可惜「中海外」當時海外經驗不足,竟然沒有準確估算工程造價(不排除沿襲國內陋習,實行的是「先低價搶標,再追加預算」的傳統做法),加之波蘭供應商聯手漲價封殺、抵制「中海外」,導致其不堪虧損,被迫停工,並面臨高達25億元的違約罰款。

慘遭滑鐵盧不說,更嚴重影響中國大陸企業的海外形象。

與之相反的,則是中國大陸在墨西哥得標了總額高達37.5億美元的高速鐵路建設項目,卻於2014年11月因故被政府取消,墨西哥為此支付了巨額賠償金。

非政府組織故意忽視人民的「三無」困境

一直以來,西方的非政府組織打著人權、環保之旗號,透過組織示威、抗議等活動,不斷煽動「中國威脅論」;作為「側應」,反華西方觀察家則經常發表各種「汙名」謬論,直指一帶一路就是中國將高汙染產業轉移到未開發國家的以鄰為壑之霸凌做法,乃至質疑亞投行及其相應金融機構是否會採取跟世界銀行一樣的環保標

準……等論述；堪稱「理應外向、無所不用其極」，也對一帶一路建設帶來困擾與風險。

有趣的是，這些非政府組織看來是缺乏策劃人才，總是宣傳中國大陸企業勞動時間長、勞動條件差，目的在於掠奪資源，卻罔顧生態環境破壞……等毫無新意的陳腔濫調，將欲加之罪嫁禍中國大陸，卻刻意忽略當地老百姓沒水、沒電、沒工作的「三沒」困境，其歹毒用心，令人髮指。

譬如中國大陸在緬甸的一些大型投資項目：密松水電站、皎漂－昆明鐵路、萊比塘銅礦等，都曾遭受過類似衝擊與困境，其他還有柬埔寨「湄公河大壩」項目、斯里蘭卡「可倫坡港」項目、「中泰鐵路」、吉爾吉斯「工業貿易物流中心」項目，乃至希臘曾叫停出售比雷埃夫斯港口……等。

好在多數都在中國大陸政府本諸誠心、善意的溝通之下，陸續復工甚至有些已經完成啟用，算是峰迴路轉，守得雲開。

比較不可思議的狀況是，竟然還有蕞爾小國在主動要求幫助並獲得中國支持之後，做出「忘恩負義」的卑劣行為。

2018年8月，在「太平洋島國論壇」上，面積只有750平方公里的東加首相波希瓦公開表示，因本國債務負擔嚴重，無力償還積欠中國大陸的1.17億美元低息貸款，而教唆、呼籲其他太平洋島國「應該聯合起來共同要求中國免除所有債務」，真當中國是「冤大頭」！當然，最後沒有得逞。

國際只有利益沒有公義

不可諱言，一帶一路的風險是相對的，而不只是中方有，參與國也有可能存在政權丟失的風險；譬如馬來西亞前總理納吉因與中國大陸展開全面合作，在競選連任時，便被競爭對手扣上「把大馬賣給中國」的大帽子。

值得玩味的是，將納吉推翻的繼任者馬哈迪（已卸任），除了在競選期間及擔任總理初期還扭捏作態反對與中國的各項合作，俟「位子」坐穩後便快速「端正態度」，希望能與中方繼續展開合作。

甚至當被媒體問及是否擔心中國會「順著一帶一路」占領馬來西亞時，馬哈迪幽默以對：「在馬來西亞，我們同中國人做了兩千多年生意，他們從來沒有試圖占領過馬來西亞。可是突然有一天，3艘葡萄牙船隻出現在了麻六甲海岸。你猜怎麼著？3個月後，我們成了殖民地」。聞者為之一笑。

誠如邱吉爾所言：沒有永遠敵人，也沒有永遠的朋友，只有永遠的利益。國際之間「只有利害的選擇而無公義」是常態，當事國政府換黨（人）執政，導致之前的合作中止、整改甚至廢棄，是必須要冒的風險，但不能因此而停頓各種合作的可能，相反的，必須思考之方向是如何強化、加深合作與「利益捆綁」的機制建立，才能有效降低各種常態及非常態隱憂與風險。

雖然一帶一路有如地鐵線，除非是關鍵樞紐站如：瓜達爾港、西哈努克港、皎漂港、可倫坡港……，否則遇到阻撓完全可以「過站不停」式的跳過，但總是能免就免、盡量求全，以免缺憾（即使

明知不可能沒有「缺憾」）。

人民幣國際化是終極目標

　　至於有國際輿論憂心忡忡的提及一帶一路工程浩大，「舉國之力是否足以支撐」之隱患、疑惑與財務風險，其實是多慮了。因為一帶一路中國大陸主要是「平價」輸出技術、人才、建材與必要設備，經費由雙方當事國共同承擔，就算對方欠缺資金也是以借貸形式為之，因此不存在「攤子太大，無力承擔」的狀態。

　　從一帶一路推進迄今7年的沿線貿易與相互投資的數據，便能一窺全貌。

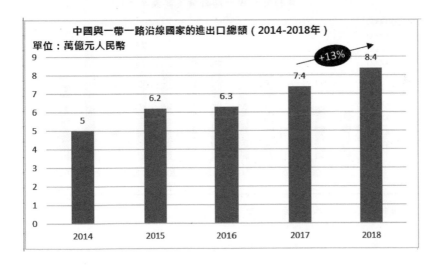

中國與一帶一路沿線國家的進出口總額（2014-2018年）
單位：萬億元人民幣

中國企業在一帶一路沿線國家非金融類直接投資額（2014-2018年）

一帶一路沿線國家對中國投資額

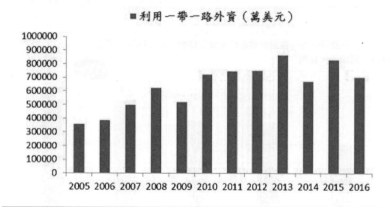

資料來源：AEI，民生證券研究院

　　總而言之，對中國大陸來說，「一城一地」之失是一帶一路的
必要風險與常事，無論是像馬來西亞或斯里蘭卡，因政權更迭、民

間反對與抗爭使項目停擺，甚至由於美國強力介入導致部分國家「反水」……，凡此種種，不能說毫無所謂，至少不足以撼動大局。

因為中國大陸開啟的是博弈之莊家模式，只要貫徹持續、不怕吃虧，利益終將大於阻力，失之東隅，收之桑榆；尤其一旦互聯互通形成合體與自如移動，則「誰掉鏈誰吃虧」，何愁萬邦不來朝？

這還只是聯通所帶來表淺的經貿利益，尚未計入「人民幣國際化」（由國際儲備貨幣進階到國際結算貨幣）、軍事戰略價值……等更深層次、合力，因量變帶動質變之「溢出效應」。

捌

一帶一路與美國霸權的較量

政治體制與貿易主義之爭——「全球化」係開端遠非盡頭

　　長期以來，歐美國家對華歧視，充滿「傲慢與偏見」，是有多方面因素所形成，除了滿清時期顢頇無能、動輒割地賠款，乃至義和團與鴉片氾濫帶給西方列強「中國人愚昧、迷信、頹廢」之刻板及僵化印象外，政治制度的選擇也是其中主要原因。

屠殺印第安人的美國不是「美國」？

　　歐美國家多半採取民主選票制（其中包括君主立憲制），即由老百姓以選票方式產生領導人（如：美國）或執政黨，而執政黨主席則自然成為領導人如：英國、日本……等，也稱為「兩黨制」。

　　中國大陸實行的「民主集中制」，由共產黨「一黨專政」，輔以共產黨領導下，其他黨派參政、議政。

　　這在歐美國家看來是不可思議的，因為「專政」與「專制」、「專權」幾乎是同義詞，「專制」則意味著藐視人權、侵犯自由，而「不自由毋寧死」 注1 。於是西方國家一直以來頻頻要求甚至壓迫包括中國大陸在內的世界各國，以他們的政治體制為樣板，實施民主選票制度，哪怕是剛從殖民地之奴役狀態解放出來的國家，也必須比照辦理。

　　但這是對的嗎？事實上歐美國家也並不是一開始就走上「選票制」的國家，哪怕是以「民主燈塔」自居的美國，同樣是以反母國（英國）課徵高額棉花、茶葉稅，於是武裝起義抗稅，取得可觀戰

果之後宣告獨立，接著便為了擴張領土大肆屠殺原住居民印第安人，從1803年一路瘋狂砍殺到1892年，將近一個世紀！

至此，原本在岸邊迎接乘坐「五月花」郵輪（其實就是個只能容納100個人的小破船）渡海前來之新住民的印第安人，由原來接近一億人到現在只剩下不到80萬人，堪稱「種族滅絕」！

然後於1861年為包括：黑奴權益、經濟體制選擇……等意見分歧（其實另有其他原因，在此不展開），發生規模浩大的南北戰爭，一打就是4年，死傷65萬人。

換算下來，從美國1776年立國，歷經殺戮原住民、內戰、解放黑奴到完成真正意義的統一，開始實施民主制度耗費89年，其他包括：法國、義大利、德國等的民主之路莫不曲折。

非洲的筆直國境是西方「聰明」政客的「傑作」

那麼問題來了，既然如此，西方列強憑什麼要求、強逼其他國家在甫實行獨立之初，在毫無民主概念、沒有「演變」時間之情況下，便實施「票選領導人」的政治體制呢？如果以「揠苗助長」來形容歐美國家的「良苦用心」，那只能說：太辜負他們的聰明才智。

實情是：唯有如此，才能使這些國家長期處於動盪或至少不穩定狀態，進而更有效地控制這些國家，或至少使這些國家對西方列強（包括之前的宗主國）產生難以脫離的依賴感，於是得以予取予求。

這樣的例子多不勝數，不論是非洲、南美洲甚至亞洲。

就如同非洲有些國家邊境線是筆直的，難道不奇怪嗎？照道理說，非洲是由850個部落所組成的62個國家，各有棲息地、生活領域甚至狩獵場，如果以此為標準劃界，表現在地圖上理應是歪七扭八的，而不是硬生生、圖方便的用筆在紙上畫國境線，結果就造成了不少紛爭及戰亂。

擺在眼前的現實是，領土爭端＋選舉操弄，使非洲長年陷於混亂、貧窮，難得安生。

為什麼「民主選票制」容易被操弄甚至陷於動盪之中呢？其實美國當前的狀況已經給出了答案（有點自食惡果的味道）。

政客只是利益集團的白手套

首先，參與選舉者本身必須有一定的財力，更重要的是有人願意提供「政治獻金」，如此一來便產生了三大問題與屏障，一是「有錢」不等於「有能」，擁有滿腔熱血、有才、有德、有能力之人，極可能因為無財無勢，便與選舉、政治無緣，使「選賢與能」成為空話。

其次，是必須有財團或利益團體資助、支持，才能使自己有從政機會。問題是這些企業、財閥為何要心甘情願的幫助、扶持你？是因為你長得帥、長得美？有人緣？這些都有可能是部分原因，畢竟他們也不可能耗費大量人力、物力、財力去幫一個毫無勝算機會的候選人。那他們圖的是什麼呢？選個人「為民喉舌」、「伸張正

義」、「主持公道」？這實在很難讓人信服。

　　無非是要你作為他們的利益代言人，一旦出事，好歹「朝中有人」。你以為你是他們的保護傘，那是你高估了自己，你只是利益集團的「白手套」而已，要嘛同流合汙，要嘛捲鋪蓋走人。

　　其三是為了勝選，於是亂開選舉支票，什麼提高失業救濟金、增加老人津貼、設立免費托兒所……等五花八門用以討好目標選民。而其他候選人最簡單、粗暴之競爭方式，就是：你倡議失業救濟金提高至5,000元，我就加碼喊至1萬元……；反正都不是花自己的錢，選上再說。

　　值得玩味的是，當選後不執行選舉承諾，頂多遭個「開空頭支票」的罵名，果真推動執行了，則是「干卿底事」的全民買單。於是「到底該不該要求政客履行競選政見」？就成了個頭疼問題。

　　更弔詭的是，候選人自己也花了不少競選經費，通常是他當選後所能領到薪資的數十、數百倍。也就是說，在他的任期內，連為了選舉所投入的花費都賺不回來，那麼他辛辛苦苦投身競選之目的是什麼？為人民服務？為理想、抱負？為天下蒼生謀福？

　　我絕對不懷疑有這樣的人，但這樣的人有多少？是我懷疑的。重點是不依靠財團支持、不願做其利益的打手，單靠自己財力、實力、人脈參選，選上的可能性微乎其微（其實是根本不可能）！

川普做「不支薪總統」所圖為何？

　　說到底，哪怕是美國總統也不過是各類型財閥的白手套，誰出

的錢多，他就為誰服務。

　　美國總統的年薪大約45萬美元，4年做下來滿打滿算不超過200萬美元，而川普花了3.98億美元競選成功（一半自己的錢，一半募資。其上一任歐巴馬則耗資7.754億美元），兩者之間實在不成比例！更離譜的是，川普還不領薪水，且經常掛在嘴邊，好像全美國人都虧欠他似的。

　　他為什麼這麼做？真的財富多到流油所以無所謂？當然不是，因為總統這個位置可以讓他的家族利益與影響力數十、數百倍增，45萬美元／年不收還能輕鬆做個「甩鍋總統」，何樂不為？

　　這讓我想起2000年阿扁擔任總統時也公開宣示只領半薪，嫌錢多？從來也不是，而是一方面汙錢門路太多，根本不在意這點小錢，二方面還能博個「不介不取」的好名聲，又是何樂而不為？

　　果然，當陳水扁面對貪汙指控時，便曾「正氣凜然」的說：我真貪錢會主動只領半薪……？而其中「暗黑」之處是，這是你該拿的錢你不拿，並不表明你不貪財，真相是還有更多更多你不該拿的錢，等著你拿。

　　尤其是美國總統等同於世界領袖，不只是在自己國內以各種方式拿，還可以「長臂管轄」般到別國去拿，又有幾個國家敢不買帳呢？畢竟他的愛恨喜惡，乃至一個哪怕是未必經過大腦的決定，其雷霆威力，輕則顛覆政權，重則滅國！

美國人的「窮」超乎想像

就是這麼一個表面以民主燈塔自居的美國，在一次次民主選舉、一次次海外「南征北討」、一次次「乾坤大挪移」，竟然可以無止境的透支國家財力到負債突破26兆美元！令人匪夷所思。

說好聽點是「藏富於民」，而究其實質，竟然有40%的人民口袋裡拿不出400美元應急錢，這是個什麼樣的國家？當2020年上半年新冠肺炎疫情猖獗時，川普腦袋瓜裡想到的是如何掩蓋真相，讓老百姓誤以為只是另一場大號流感罷了，然後一口一聲要求復工、狂撒鈔票，以免經濟受損使自己連任無望。

一個不知真假但足以反映其心態的笑話是，川普上任以來不斷降稅減費卻大幅提高軍費，力圖有效遏制中國及一帶一路的推進，他的經濟顧問私下發出警告：再繼續編列如此超高的財政預算，10年後將面臨國家破產風險，他想了一下，然後說：「到時候我已經不是總統了，干我何事？」

像川普這樣的人，他心中有人民那才是怪事，而人民呢？面對如此無能、只知甩鍋、說話顛三倒四、大言不慚、以「今天的話否定昨天的自己」的總統，仍有相當多的美國人認為川普幹得不錯，然後急吼吼到超市搶衛生紙、到槍械店買槍自保。

共產黨變了，但世界看它的眼光沒變

至於西方國家的「雙標」（雙重標準）那就更不在話下了。當中國大陸因應疫情採取「封城」措施時，西方媒體指責中國大陸剝

奪人身自由，政府隱瞞真相、蠻橫霸道、不得人心，說得「慷慨激昂」、「義正言辭」啊！惟當義大利等國家仿效中國大陸也開始封城時，就秒變成：義大利不惜犧牲經濟發展，也要阻絕病毒於國門之外，實在是情非得已的「用心良苦」。

同樣一件事，卻有截然不同的角度，一個是寫在臉上的憎惡、歧視，一個則滿滿的關懷之情，溢於言表；不識者為之噴飯，以「無厘頭」視之，識者則咬牙切齒、悲憤莫名！

新加坡前外長曾在多個國際場合表述：許多國家之所以持有偏見，總是用有色眼光看待中國的一切，是因為大家還把1949年統治中國的共產黨，跟現在的共產黨相提並論，卻不知道或不正視它與時俱進的事實。共產黨已經改變了，但世界看它的眼神卻並沒有太多的變化或「站在原地不動」。

這很好的說明了有些國家的「排華」情緒從何而來（當然，還有許多錯綜複雜的因素）。

盱衡國際局勢，需要的就是「大政府」

其實，每一種政治或經濟制度的選擇，均有其優缺利弊，不存在絕對完美、無懈可擊。恰恰是中國大陸這種結合了計劃經濟和市場經濟機制的模式，乃至「大政府」的運作之下，才足以讓國家出現緊急狀態時能如臂使指般，集中精力、物力、財力、人力，有效解決、擺平困擾、度過難關、制敵機先；平時也能以各種公共職務如：有薪的志願者、交通協管、輔警、協警……等，調節失業率、

維持社會穩定。

再以2020年新冠肺炎為例，如果政府手上的資源不夠豐富、財力不夠雄厚，如何能快速動員一切力量抗擊疫情？反面教材其實不只是美國，超過150個國家都陷入類似處境。

曾經有記者充滿挑釁的向一位對中國大陸「抗疫」極為推崇的同行（紐約時報記者），詢問關於中國大陸對「人權迫害、自由束縛」的看法。

不等記者問完，紐約時報記者就出聲打斷了：人類享有的三大基本權利是生命權、財產權、自由權，如果生命權都喪失了，還有後面兩個權利嗎？就算有又有什麼用呢？中國大陸政府用盡全力保護人民的生命權，這是毋庸置疑的。

此外，西方所謂民主國家各黨派為了確保或奪取政權，常態性、無下限的取悅選民，這難道沒有隱憂？離奇的是，老百姓也不管錢從哪兒來，只顧享受利益、樂之不疲；而太長時間實行高福利政策的結果是：財團養肥、人民養懶，國家財政則瀕臨崩潰，平時自保都成問題，又哪兒來額外經費、開銷面對這場史無前「厲」的疫情？

焦頭爛額、苦不堪言是必然。（參看延伸閱讀之八〈姚明反轉式「中國崛起」〉）

沒有哪個國家不存在「國家資本主義」

川普經常批評中國大陸實行「國家資本主義」 注2 ，形成市

場經濟之威脅。亦即中國大陸以國家力量、大政府運作模式,對產業進行保護或維持發展,對其他國家是不公平的。這其實很荒謬。

每個國家都有其必須保護的產業,就算美國自身也會基於選票壓力、糧食安全,予農業、農民以呵護;基於國際霸權的確保,對高科技或軍工產業之利益提供政策優待;甚至是製造飛機(也製造武器)的波音公司,川普為疏解其來自歐洲的空巴公司競爭壓力,竟然以「歐盟非法補貼空巴公司」為由,對空巴發起40億美元的制裁。

如果川普的指控是真的,那麼歐盟不都是「國家資本主義」嗎?而美國就更簡單了,國家資本主義至少要拿出真金白銀來幫助企業,川普只需要一句話就把空巴打得暈頭轉向!其中2020年5月對華為所採取種種「封殺」之卑劣手段、舉措,更是令國際震驚與髮指。

要搞清楚的是,國家間開展的競爭是關於完整「供應鏈」的競爭,美國之所以在2008年「國際金融海嘯」期間砸重金拯救通用汽車,是擔心通用的倒下,會使其遍佈美國各地的所有二級供應商都陷入危機,由此導致數百萬人失業,乃至保護其戰略性工業於不墜。這難道不是國家資本主義?事實上,所有的國家都會基於實際需要,耗費鉅資維護自身利益。

選票制一樣能使「混世魔王」出線

尤其必須知道的是,「制度是死的,人是活的」,什麼時候什

麼人會整出什麼奇葩事？誰也不知道。

許多政壇、商界精英曾在川普「意外」當選時安慰大家：「民主選票制」之下，美國總統權力有限，既必須接受參眾兩院監督，又時時要考慮民心向背，而民意如流水，千變萬化……，如此這般只能委曲求全、照章行事，掀不了什麼驚濤駭浪。

事實證明並非如此，他竟然讓國際走向「仇中」、「親中」的兩極化，讓其國內「種族歧視」的邪靈從人們心中至暗處重新被喚醒，你能說：美國總統只是做個樣子而不具備攪亂世界的實力與能量嗎？

同樣的，以「公有制」為主的社會主義也必須考慮民心所趨，向「私有財產保護」傾斜，給予民營企業更多的寬容，使「財富重分配」並不以「共產」為目的，而是避免貧富過於走向兩極分化，更可以一帶一路作為造福世界的工具。

至少這是我目前所看到的，中國共產黨施策之大政方針。畢竟，一定程度的貧富差距有利於經濟維持增長，讓窮人有翻身的可能與希望，而嚴重的貧富差距，則不但會遏制經濟發展甚至帶來動亂。一個值得玩味的例子是：儘管人們經常把1848年法國大革命的誘因歸結於民主思想在歐洲傳播，但近期有研究指出，引發這場革命的直接導火線是食品價格。

尤有甚者，丹麥奧爾胡斯大學的馬丁‧帕爾達姆發現，1946～1983年，拉丁美洲爆發了15次由軍方勢力推翻平民政府或平民推翻軍政府的政變，其中13次政府倒台前，均出現消費品價格飆

漲……。於是「小麥及其他穀物價格上漲,在一定程度上造成1991年蘇聯解體」的說法,也就不足為奇了。

顯然「貧窮」或許不是病,但發作起來卻要命!

「民主選票制」有致命盲點

除此之外,在我看來,兩種政治體制對領導人的聘任方式天差地別,但孰優孰劣?還真是難說。

民主選票制給予「任何人都有機會當總統」的假象,所謂「有夢最美,希望相隨」,而實際上呢?你壓根就沒有或不敢想競選公職這件事(因為沒錢沒勢),也搞不清楚選出來的究竟是個什麼樣的人?這號稱神聖的一票究竟能改變什麼?你想明白了嗎?只怕更多的是被輿論(網軍)「帶風向」了吧?

更別說其權錢交易之暗黑與齷齪、無恥,未必比「民主集中制」的「論資排輩」展現了什麼優勢,甚至有過之而無不及。

對政治完全一無所知那也無所謂,若能尊重專業、依計行事還是好事,最怕的是像川普這種「政治素人」,明明半桶水、一知半解,卻又自命非凡,總是乾綱獨斷、橫衝直撞,出事就甩鍋,稍有成就便搶功自傲,令人跌破眼鏡、哭笑不得。

國際之間同樣不乏其例。2013年8月,時任斯里蘭卡總統的馬鑫達‧拉賈派克薩,接受記者採訪被問到:「如何因應跨國銀行不斷收緊新興市場國家的貸款規模」時,拉賈派克薩信心滿滿、毫不猶豫地回答:「我們有中國!」說明中斯關係曾經多麼的「鐵」,

但政治是現實的，推翻執政黨最簡單粗魯的方法，便是給其扣上「賣國」的帽子、廢止前任推動的政策，於是2015年1月新總統西里塞納-馬恩省上任的第一件事便是喊停與中國大陸合作之「可倫坡港」開發計劃，然後重新溝通談判再予以復工。

是不是很熟悉的場景呢？與2018年5月馬來西亞的馬哈迪推翻納吉的模式幾乎是一樣的，之前關停的項目多數已在啟動，真是勞民傷財啊！至於是否牽涉掌權集團的不同，需要重新分贓與酬傭？則不在本書討論的範疇。

民主選票制可能更適用於「城邦」

由於政黨經常輪流執政，導致執政黨上台後，首先想到的是如何連任？誰也不願紮根、踏實、認真施政，更不要說提出具體可行的中長期計劃，因為唯「短期見效」才有助於蟬聯，於是個個目光短淺、只顧及眼前利益。看看川普在疫情間的離譜、荒誕表現，就可見一斑了。

我相信民主選票制在設立之初，目的是良善、純潔的，希望將「權力關在籠子裡」，讓平凡升斗、市井小民，也有機會實現抱負與接觸、處理政務，避免專權壟斷、橫行霸道，導致「惡」的執政者荼毒黎民，使老百姓生活在水深火熱之中。

惟我深深的感受是，那樣的政治體制恐怕只適用在領域、疆界有限的「城邦」之間，放在「國家」層面，則顯然力有未逮。事實上，美國便是典範。

本身是聯邦制國家，各州有相當大的行政權力，連選舉總統都是以「州數勝選」為當選，而非「人數勝選」為准。也因此我們可以看到在疫情面前，各州各行其事與無序爭搶資源的怪異亂象，而州與州之間幾乎是絕對競爭關係，不存在太多的合作空間。

按城市學家喬爾·科特金（Joel Kotkin）的說法，美國不像是由50個州組成的合眾國，而是由7個獨立國家（分別是三藩市、達拉斯、波斯敦、芝加哥、華盛頓、丹佛和亞特蘭大）及三個半獨立城邦（洛杉磯、紐約和邁阿密）組成的國家。

說明不同地區、族群各有其特殊性，而非一種體制全球適用，譬如上述提及的，正是所謂民主選票制無可迴避、難以逃脫的盲點，甚至是「命中註定」的宿命。

也有人說民主政體至少有在野黨監督、制衡，使貪汙無所遁形。這是真的嗎？我看未必！

韓國總統無一任不因貪汙坐牢

看看韓國吧，哪一位總統不是在卸任後稍事安頓，便「按慣例」送入大牢？不是「幾乎」，是無一倖免！反對黨難道只有在上台執政後才能發揮作用？而「監督」是沒有著力點的，於是當權者可以為所欲為，直到卸任？這顯然是民主的悖論。

兩黨政治的可怕之處，在於兩個政黨稍一不慎，要嘛尖銳對立，像美國、韓國或台灣，要嘛合作分贓，這種現象在國際之間，所在多有。

相信也有人不服氣的指證歷歷：你看看人家美國、英國、澳洲的官員哪怕是用公款買瓶酒，一旦被媒體曝光、發現，就被迫或主動引咎辭職甚至因此坐牢，而這在中國大陸是習以為常的行為，更別說每次抓到貪官其贓款動輒以「億」，甚至「十億」、「百億」計。

曾經有個笑話說：阿扁貪汙「海角7億」，這個金額大概只相當於大陸村長級別！以凸顯中國大陸貪汙成風。

贓款差距是否屬實？我認為不是重點，終究貪汙在任何國家都現實存在，核心問題是美國政客或官員不貪汙嗎？我看這在相當程度上是真的，因為以其超強國力、政治體制，實無需要幹那些檯面下不可告人、雞鳴狗盜的貪汙，而根本是檯面上的明搶！

畢竟貪汙是違法亂紀的，是必須提心吊膽的，是寢食難安、弄不好是要殺頭的（雖然中國大陸通常是判「死緩」 注3 ）。

在美國只有「小瘪三」才貪汙

因此美國政治人物根本不屑為之，而是利用金融、軍工、科技、石油……等優勢、強項與資源，明目張膽、堂而皇之的透過政治力量介入強買強賣、進行利益輸送，何須貪汙？

在美國，只有無計可施的「瘪三」官員才貪汙！

誰不知道布希家族有石油集團撐腰？而希拉蕊的背後隱約可見華爾街的身影，乃至拜登之子在烏克蘭天然氣集團究竟扮演什麼角色？

真當美國人這麼傻，什麼都不清楚嗎？只是習以為常、無可奈

何、毫無辦法罷了，畢竟「選舉就是挑一個相對比較不爛的蘋果」，總之，都是「爛蘋果」，美國選民心知肚明。更離譜的是，其官員的任免毫不避諱官商勾結之嫌，昨天還是華爾街的打手、「重組大王」，今天就可以榮膺商務部長，連「旋轉門」條款 注4 的表面文章都懶得做。

沒錯，此處所指的正是2020年新冠肺炎在中國大陸方興之初，壓抑不住興奮之情，喊出「不想慶祝勝利，但疫情有助於加速就業崗位回流」的美國商務部長威爾伯‧羅斯。

可惜的是，他沒有笑到最後。

我無意讚揚中國大陸的政治體制，但是至少我深切的知道，在許多時候，「人權」與「自由」是無法保護好人身安全的，因為——壞人也有人權！

尤其可怕的是，壞人通常有根「歪腦筋」，他偏偏還容易賺到錢，至於是否邪門歪道？則不在他考慮範圍。

於是發生糾紛要打贏官司，沒有足夠的律師費是辦不到的，因為收集證據不是法院的責任，沒有錢也不會有人幫你鑽法律漏洞。就好像2020年初墨西哥某州長在疫情防堵無力時所說的話：「新冠肺炎只傳染給富人，窮人不會得到。」語多無奈的言外之意是，窮人連檢測費都出不起，死了也不會確診。

政客許多有黑道背景

民主自由社會另一可怕之處是「道上兄弟滿大街」，政治人物

與黑道大哥打成一片，許多時候，「大哥」就是政客，連「洗白」的過程都不必，兩種身分隨時切換，要利益的時候是民意代表，要「喬」事情的時候是兄弟。

普羅大眾需要應付的是市井無賴，已經戰戰兢兢，生意人更慘，碰到的是各幫派、頭角，只要利益夠大如土地買賣、工程圍標等，莫不黑影重重。關於台灣「黑道治國」的說法，我寧可信其無，但又有誰能說清楚、講明白黑白兩道「眉來眼去」的勾勾搭搭，究竟是怎麼回事呢？

換個「有學問」的說法是，中國大陸貨幣發行量（M2）達220兆元人民幣以上，但並未引發嚴重的通貨膨脹，主因有三，一是房地產成為重要資金池，沉澱巨量貨幣；二是投入股市的錢被瞬間消滅或套牢；三便是貪官汙錢不敢用，都藏在牆壁裡。

上述三點均因貨幣穩定於「錨」（房產、股票、贓款）之上，並非大量流入市場，因而不至於嚴重衝擊物價。真的嗎？半真半假，你無需認真思考。

政治是高明的騙術

因此，看待政治體制問題一定要宏觀、豁達，尤其不能以「政治正確」、「道德制高點」的角度觀察。

還是紅極一時之民進黨創黨元老、曾任立法委員的朱高正說得透徹──「政治是高明的騙術」。可惜他也因為這句「政治不正確」的話，被他的民進黨政敵們貼上「惡質政客」的標籤，從此沉淪。

　　再強調一遍，任何制度均有其利弊得失，這是無法周全的，在歌舞昇平、經濟繁榮、社會穩定時期，人們會期待「小政府」**注5**，職能部門管得越少越好，讓市場發揮更多的主導性，讓老百姓享有更全面的人身自由，但這樣的日子還存在嗎？以我的觀察角度，當2008年美國引爆「次貸危機」**注6**之國際金融海嘯後，就消失得無影無蹤。

　　對美國而言，肆意掠奪資源的好日子已經到頭了，因為開拓市場增量的空間萎縮、「蛋糕」定型了，只能在既有的市場強搶「存量」份額，於是任何新生力量的崛起，均被使其視為奪冠威脅，並產生如芒在背之感，進而發起「你有我無」、「你死我活」的鬥爭，天下豈能太平？

　　其實一帶一路主要功能與目的著眼於開發潛能、擴大商機，以合作共商、共建為先，創造新興市場價值，並共享成果。這不是蠻好的「把蛋糕做大」之攻略嗎？可惜美國想到的只是如何維繫霸權於不墜，以利繼續橫行、對世界頤指氣使，終致中美抗衡走向極端。

美國將由「強國」漸變為「大國」

　　綜上所述，美國雖千方百計、無所招術不用的阻擋一帶一路推進，但終將功虧一簣、以失敗告終的原因，有以下八點：

　　　一、政治體制設計的基本缺陷：政黨惡鬥，為反對而反對（美其名為「制衡」）。

二、民粹主義盛行，使社會「維穩」不易：槍支氾濫加重其危
　　機。

三、過分強調個人自由：面對災難缺乏整體意識，往往各行其
　　是。

四、骨子裡的優越感作祟：對其他國家與民族的生存狀態毫無
　　同理心。

五、輕率訴諸武力或經濟制裁，樹敵太多：經常性柿子挑軟的
　　吃，「柿子」只好無奈變硬。

六、美國的貨幣、科技、金融甚至軍事優勢，已非絕對：越來
　　越多的擁核國家，使美國投鼠忌器，而「去美元化」已在
　　路上。

七、政府被精英集團把持、操控與掏空：美國負債超越26兆美
　　元，國力江河日下。

八、美國產業「空洞化」已無可挽回：過度偏重「空手套白
　　狼」的金融業及軍工產業，乃至強勢工會，使產業「空
　　心」現象無法逆轉。

注1　不自由毋寧死：出自派翠克・亨利（Patrick Henry, 1736～
1799）一次膾炙人口的演說。

　　他是蘇格蘭裔美國人，獨立戰爭時期的自由主義者，美國革命
時期傑出的演說家和政治家。著名的獨立宣言的主要執筆者之一，
曾任維吉尼亞州州長，深受愛戴，被譽為「維吉尼亞之父」。在反

英戰爭中發表過許多著名演說。這篇演說在美國革命文獻史上占有特殊地位。其時，北美殖民地正面臨歷史性抉擇——要嘛拿起武器，爭取獨立；要嘛妥協讓步，甘受奴役。亨利以敏銳的政治家眼光，喊出「不自由，毋寧死」的口號，激勵了千百萬北美人為自由獨立而戰，這篇演說也成為世界演說名篇。惟其晚年觀點則趨於保守。

注2　國家資本主義：是列寧提出用來描述資本主義發展階段性特徵的概念，表明資本主義發展過程中國家作用的不斷增強，主要包括兩層意思：

一是指國家政權對企業的控制，「國家資本主義就是資本主義制度下，由國家政權直接控制企業的一種資本主義」。二是指國家對資本主義經濟發展的監督和調節，「壟斷資本主義正在向國家壟斷資本主義轉變，由於情勢所迫，許多國家實行生產和分配的社會調節」。

時值於今，則是針對國家以資金與權力保護或操縱行業發展的通常行為。

注3　死緩：即「死刑緩期二年執行」，是指對應當判處死刑，但又不是必須立即執行的犯罪分子，在判處死刑的同時宣告緩期二年執行，實行勞動改造，以觀後效。作為中國大陸一項獨特的死刑執行制度，死緩制度最初是作為共產黨的一項刑事政策，發端於1951

年新中國成立之初的鎮壓反革命運動的高潮中，適用條件是沒有血債、民憤不大和損害國家利益未達到最嚴重程度，而又罪該處死的反革命分子。

注4　「旋轉門」條款：指的是避免個人在公共部門和私人部門之間雙向轉換角色、穿梭交叉為利益集團牟利的機制。「旋轉門」可以被歸為兩類：第一類是由產業或民間部門進入政府的「旋轉門」，這主要是指公司高層主管和商業利益集團遊說者進入政府並擔任要職。在政策制訂和實施的過程中，就可能為他們曾經代表的團體謀取特別的好處。第二類是由政府進入私人部門的「旋轉門」。以前任政府官員充當遊說者後，利用自己與政府的聯繫，來為所代表的團體謀取特別的利益。

注5　小政府：有時候也稱為最小中央集權或最小政府，是一種主張在自由社會裡，政府所扮演的角色應該最小化——只要有能力保護每個人的自由、防範侵犯自由的行為即可，以此最大化每個人的自由。

　　許多小政府主義者將自己視為自由意志主義的一環，並宣示他們自稱為小政府主義者，是為了延續在古典自由主義哲學裡的傳統。

注6　次貸危機：也稱「次級房貸危機」，又譯為「次債危機」。是

指一場發生在美國，因次級抵押貸款機構破產、投資基金被迫關閉、股市劇烈震盪引起的金融風暴，致使全球主要金融市場出現流動性不足危機。美國「次貸危機」從2006年春季逐步顯現，2007年8月開始席捲美國、歐盟和日本等世界主要金融市場。

延伸閱讀之八

姚明反轉式「中國崛起」

1978年中國大陸啟動「改革開放」，截至2020年已歷經42載矣。回顧其國力成長歷程，可以「姚明反轉式崛起」名之。

秉持韜光養晦、厚積薄發，埋頭苦幹之拚搏精神，尤其2001年12月加入WTO 注1 後，中國各項潛在優勢與資源便發揮得淋漓盡致，其中包括：勞動力成本、土地公有、容許「環境置換美金」等。

姚明不再「高不可攀」

然後我們看到中國的GDP總量與增速不斷放大、人均收入節節走高，象徵城市現代化的各類型超高大樓拔地而起、鱗次櫛比；地鐵形成綿密路網，飛速建設的高鐵更是帶來「同城化效應」（袖珍型一帶一路），中國大陸的風貌已發生翻天覆地變化，但凡來過中國的老外莫不稱羨。

惟即使如此，許多中國人仍然覺得「外國的月亮比較圓」，而自歎弗如。

直到2008年美國發生「次貸危機」（國際金融海嘯），並平行轉移至歐洲，使該地區哀鴻遍野，我們才驚覺，中國還是那個中國，巍然不動，但歐美國家則東倒西歪，大量金融機構破產，企業

裁員、減薪甚至倒閉，房貸「斷頭」無力繳付，更是稀鬆平常；這個時候那個100年來曾經「高不可攀」之西方「高偉光」形象，便灰溜溜的走向神壇──原來也不過如此。

好有一比，當正常人近距離與姚明對視時，那得抬起多高的頭仰望啊！「可望而不可及」的感受強烈。突然之間，2008年海嘯來襲、狂風大作，外強中乾的「姚明」們紛紛被吹倒跌坐在椅子上，雖然還是比我們高大，但顯然只需「抬眼」而不用「抬頭」就能交流了。

進入2020年，形勢就更加明顯，「姚明」們經此新冠肺炎一「疫」，竟然被打趴在地上！而中國還是那個巍然不動的中國──終於我們跟西方國家相較，顯得平起平坐或互有短長。這讓許多人看清了外國的月亮不但沒有比較圓，甚至已經進入暗無天日之「月食」狀態！

中國大陸擁有無數個「世界第一」

如果不是疫情的持續肆虐，全世界恐怕不會有多少人知道，中國除了人口世界第一，還有無數在各個領域的冠軍，絕不僅是運營里程突破3萬公里，占世界總里程的70%以上之中國高鐵而已！

諸如：鋼鐵（產量超過第二、三、四名之總和）、水泥、煤、電視機、電冰箱、空調、造船、機床、鋼琴、棉花……等，乃至5G、雷射、造橋、核電、衛星……等高精尖技術，現在均居於世界領先、不可超越之地位。

　　尤其是透過這次疫情對醫療防護用品的迫切需要，更加凸顯了「中國製造」的重要性與關鍵地位。

　　相關資料顯示：全球生產的醫藥原材料有2,000多種，中國大陸生產的原材料就超過了1,500種，占世界的3/4，包括抗生素、維生素、胰島素、止痛藥、抗抑鬱藥、愛滋病藥……等；也因此迫使川普在疫情期間急轉彎宣佈：對30項來自中國的商品關稅予以豁免，如：口罩、手套、消毒濕紙巾、樣本採集器皿等。

　　令世人印象深刻的是，當美國疫情開始趨於嚴峻，而中國進入封城階段時，紐約州長曾自信滿滿、不以為然的表示：別慌！我們有世界上最好的醫療系統！話音剛落，其衛生部門官員馬上出面「打臉」說：「不，我們沒有」，「我們的基礎藥物過於依賴中國，如果它們關門，幾個月甚至幾個星期，美國醫療系統將崩潰」。

　　此番表態或許危言聳聽了些，但「雖不中，亦不遠」。

　　事實上何止如此！根據2017～2018年的報表統計，中國大陸生產了全球70%以上的車輪轂、1/3的輪胎、1/3的發動機、24%的座椅、22%的車玻璃、車內飾等等。甚至在2020年2、3月中國大陸疫情最嚴重、製造業幾乎停擺的特殊時期，現代汽車、日產汽車、雷諾汽車……等部分指標性工廠都先後宣佈：由於中國區零部件供應中斷，臨時停產。

　　尤其獨特的是，根據資料顯示，中國大陸乃當今之世擁有「全產業鏈」國家的「孤獨存在」：擁有39個工業大類、191個中類和525個小類，是全世界唯一擁有聯合國產業分類中，全部工業門類

的國家。

一帶一路任重道遠

這也是為什麼美國於2020年4月「榮膺」疫情「震央」，川普團隊會緊急發出「在華美企遷廠回國」呼聲，並慷慨宣佈願意提供所有「搬家」費用的根本原因，希望能藉此擺脫中國束縛。幾乎同時，日本也發佈類似呼籲，差別在於日本事後表示並非針對中國，而是面向全世界。

惟真正的問題是：這有用嗎？在「產業鏈斷裂」與「空心化」如此長久的時間後，欲重新建立談何容易？更何況美國人長期養尊處優之生活方式，及「只要福利，不問貢獻」的工作心態，以印鈔發放福利（失業救濟金……等）的運作模式，欲振興製造業，其實回天已無力。

換言之，中國大陸的崛起已「妥妥的」站穩腳跟，而美國乃至西方國家的衰退，則如墜入難言明天的斷崖深淵，唯一的曙光或救命繩索就恐怕只剩下一帶一路了。

我嘗試以最簡練的文字，對內涵極其豐富、目標極其多重的一帶一路，表述其核心思路與作為——一帶一路乃中國大陸醞釀已久，事涉經濟、貿易、外交、軍事四大領域之強國攻略；採「讓利」模式，共商、共建各類型基礎設施，並透過互聯互通綁定各方利益，優化經濟及通商環境，以有效解決國與國、人與人之貧富差距，進而達到融合共贏之目的。

注1　WTO：即世界貿易組織（World Trade Organization），簡稱世貿組織，是一個獨立於聯合國的永久性國際組織，總部設在瑞士日內瓦，其基本原則是通過實施市場開放、非歧視和公平貿易等原則，來實現世界貿易自由化；有「經濟聯合國」之稱。

前身是1947年10月30日簽訂的關稅與貿易總協定；1995年1月1日，世界貿易組織正式開始運作；1996年1月1日，世界貿易組織正式取代關貿總協定臨時機構；2001年12月11日，中國正式加入世界貿易組織。截至2020年5月，世界貿易組織有164個成員，24個觀察員。

玖

推動一帶一路迄今之成果

已成不可阻擋之大勢所趨——「修成正果」可期

自從川普當選美國總統後，奉行「美國優先」之單邊主義，使「貿易保護」強勢抬頭，及「全球化」遭遇前所未有之逆風，乃至美國基於自己的利益與維護霸權，在世界範圍內對一帶一路進行各種惡意批評與攻訐。

惟中國大陸始終不為所動，按既定步伐前進，目前來看成績不斐。

以兩年一度，分別於2017、2019年舉辦的「一帶一路高峰論壇」為例，國際政治與經濟界精英、領袖蜂擁而至，風光場面一時無兩，即為明證。

特別值得一提的是，2017年第一屆論壇召開時，東盟十國有七位元首與會，2019年則全員到齊，說明一帶一路出海第一站的東盟，已清楚表達支持之態度。

此外，在中美貿易戰開打及全球經濟增速趨緩的情況下，中國大陸政府公佈的2019年各項國內外經濟資料依然維持穩定或快速增長，讓國際刮目相看，而這其中一帶一路的有序推進，功不可沒。

兩屆峰會差異

	時間	地點	元首	國家	國際來賓	成果
第一屆	2017.5.14	北京	29	130	1500	279項
第二屆	2019.4.25	北京	37	150	5000	6大類283項

一、從國內綜合指標觀之

2019年中國大陸國內生產總值990,865億人民幣,按年平均匯率折算達到14.4兆美元,穩居世界第二位;人均國內生產總值70,892人民幣,按年平均匯率折算達到10,276美元,首次突破一萬美元大關。

經濟增速在世界主要經濟體中排名前三。2019年,中國大陸國內生產總值比上年增長6.1%,在經濟總量超過1兆美元的經濟體中位列第一,對世界經濟增長貢獻率約30%,繼續擔當推動世界經濟增長的活力源泉。

貿易額保持最領先。2019年中國貨物進出口總額31.6兆人民幣,比上年增長3.4%,連續兩年超過30兆人民幣,蟬聯世界第一。

貿易結構繼續優化。2019年一般貿易進出口占貨物進出口總額比重達59.0%,比上年提高1.2%。

服務貿易規模穩步擴張。2019年服務進出口總額比上年增長2.8%,服務貿易逆差收窄10.5%,其中,服務出口總額在服務進出口總額的比重達36.1%,比上年提高2.0%。

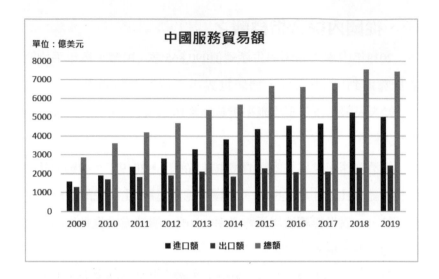

產業結構不斷創新、優化。第一產業增加值70,467億人民幣，比上年增長3.1%，糧食總產量66,384萬噸，創歷史新高。

工業增加值317,109億人民幣，比上年增長5.7%，其中製造業增加值連續10年位居世界第一。主要產品產量穩居世界前列。2019年，積體電路產量2018億塊，增長8.9%；鋼材產量12億噸，增長6.3%。全國發電裝機容量201,066萬千瓦，比上年增長5.8%。

服務業增加值534,233億人民幣，比上年增長6.9%，其中資訊傳輸、軟體和資訊技術服務業增長18.7%，租賃和商務服務業增長8.7%。

2019年服務業增加值占國內生產總值比重為53.9%，比上年提高0.6%；對經濟增長貢獻率為59.4%，高於第二產業22.6%。

尤其值得注意的是，2019年內需對經濟增長貢獻率為89.0%，

其中最終消費支出貢獻率為57.8%，比資本形成總額高26.6%。社會消費品零售總額達411,649億人民幣，比上年增長8.0%，規模首次突破40兆人民幣。

基礎設施建設不斷完善。2019年末，高速鐵路營業總里程超過3.5萬公里，高速公路里程超過14萬公里，穩居世界第一。

資訊通信發展步伐加快。2019年移動互聯網用戶接入流量比上年增長71.6%，2019年實物商品網上零售額比上年增長19.5%，占社會消費品零售總額比重達20.7%。

科技創新引領作用增強。2019年中國大陸位列全球創新指數排名第14位，比上年上升3位。2019年全國研究與試驗發展（R&D）經費支出比上年增長10.5%，與國內生產總值之比為2.19%。發明專利申請量140.1萬件，每萬人口發明專利擁有量達13.3件，提前完成「十三五」規劃確定的目標任務。

必須賀喜的是，根據「世界智慧財產權組織」（WIPO）2020年4月發佈報告稱，中國大陸首次超越美國，成為通過WIPO提交國際專利申請的最大來源國。資料顯示，2019年中國大陸通過《專利合作條約》（PCT）體系提交了58,990件申請，年增率10.6%，成為該體系的最大用戶，而美國則以57,840件首次屈居第二。

創新成果不斷湧現。嫦娥四號探測器世界上首次成功登陸月球背面，長征五號遙三運載火箭成功發射，雪龍2號首航南極，北斗導航全球組網進入衝刺期。

區域協同發展成果顯著。2019年，中國中部、西部地區生產總

值分別比上年增長7.3%和6.7%，快於全國1.2和0.6%；京津冀地區生產總值增長6.1%，長江經濟帶地區生產總值增長6.9%，長江三角洲地區生產總值增長6.4%。

環境品質總體改善。2019年，全國337個地級及以上城市空氣品質平均優良天數比例為82%。

居民人均收入水準首次突破3萬人民幣。2019年全國居民人均可支配收入30,733元，比上年實際增長5.8%，居民收入差距進一步縮小；城鄉居民人均可支配收入比值為2.64，比上年縮小0.05。

脫貧攻堅成效突出。2019年，1,109萬農村貧困人口脫貧，連續7年減貧1,000萬人以上；貧困發生率為0.6%，比上年下降1.1%，向著消除絕對貧困邁出一大步。貧困地區居民收入較快增長。2019年貧困地區農村居民人均可支配收入11,567人民幣，比上年增長11.5%；扣除價格因素實際增長8.0%，快於全國農村居民人均可支配收入實際增速1.8%。

平衡區域與貧富差距，頗見成效

從上列資料不難看出，一帶一路對中國大陸而言，非但不是外界所臆測的「甜蜜負擔」，反而是「生財工具」與「經濟推手」，因為透過一帶一路的推進，相當程度上，有力的解決、減輕了國內經濟及社會壓力。

首先是進出口方向的調整，由美國向一帶一路沿線的歐盟、東盟分流，將中美貿易戰的殺傷、破壞力降到最低，並使貿易總額保

持上升態勢，且連續兩年超過30兆人民幣，蟬聯世界冠軍寶座，對世界經濟增長貢獻率達30%。美國對世界經濟增長的貢獻率僅為10%。

尤其工業產能利用率由之前的「趨於閒置」提升至「接近適中」狀態（76.6%），說明「去產能」效果突出。而實際上，中國大陸的鋼鐵產量是明顯提高的（+6.3%），顯示一帶一路創造可觀需求。

除此之外，平衡中西部與東南部的區域發展，及降低「貧富差距」同為一帶一路之重要目的，而相關資料清楚顯示，這兩項指標的成績不僅不俗，更是「亮眼」。

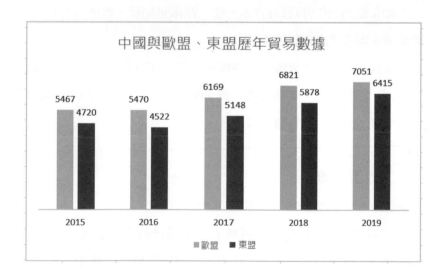

二、從一帶一路發展來看

2019年，中國對一帶一路沿線國家進出口總額92,690億人民幣，比上年增長10.8%。其中，出口增長13.2%，進口增長7.9%。

雙向投資深入發展。2019年，中國對一帶一路沿線國家非金融類直接投資額150億美元，占對外總投資比重比上年提高0.6%；一帶一路沿線國家對華直接投資金額84億美元，增長30.6%。

利用外資繼續擴大。在全球跨境投資（FDI）大幅下降的情況下。基於後續發展之需要，2019年中國大陸實際使用外商直接投資金額9,415億人民幣，其中自貿試驗區引資作用增強。基於後續發展之需要，2019年新設6個自貿試驗區。

如果從2013年9月對外宣示一帶一路啟動開始，觀察其近7年來的成就，則效果堪稱輝煌！

根據中國大陸所發佈之資料顯示，無論在關鍵「五通」——政策溝通、設施聯通、貿易暢通、資金融通、民心相通，乃至產業合作等領域，均有令人驚豔之表現。

（一）政策溝通

1. 共建一帶一路倡議納入國際組織重要文件：

共建一帶一路倡議及其核心理念已被納入聯合國、二十國集團、亞太經合組織、上合組織等重要國際機制成果文件。

2. 共建一帶一路國家的數量逐年增加：

截至2019年11月底，中國大陸政府已與137個國家、30個國

際組織簽署197份合作項目。

3. 共建「一帶一路」專業領域對接合作有序推進：

中國大陸與埃及等國家共同發起《「一帶一路」數字經濟國際合作倡議》，與16個國家簽署加強數字絲綢之路建設合作文件。

中國大陸發佈《標準聯通共建「一帶一路」行動計劃（2018-2020年）》，與49個國家和地區簽署85份標準化合作協議。

（二）設施聯通

1. 國際經濟合作走廊和通道建設取得明顯進展：

新亞歐大陸橋、中蒙俄、中國大陸—中亞—西亞、中國大陸—中南半島、中巴和孟中印緬等六大國際經濟合作走廊，為構建高效暢通的亞歐大市場發揮了重要作用。

2. 基礎設施互聯互通水準大幅提升：

鐵路

截至2019年底，中歐班列已經聯通亞歐大陸至少16個國家108個城市，累計開行超過2萬列，運送貨物200萬標箱，與沿線國家開展口岸通關協調合作、提升通關便利，平均查驗率和通關時間下降了50%。

公路

①中國大陸與15個沿線國家簽署了包括《上海合作組織成員國

政府間國際道路運輸便利化協議》在內的18個雙多邊國際運輸便利化協議。

②中越北侖河公路二橋建成通車。

港口

①希臘比雷埃夫斯港建成重要中轉樞紐，三期港口建設即將完工。

②中國大陸與47個沿線國家簽署了38個雙邊和區域海運協議。

航空運輸

①中國大陸與126個國家和地區簽署了雙邊政府間航空運輸協議。

②5年多來，中國大陸與沿線國家新增國際航線1239條，占新開通國際航線總量的69.1%。

能源設施

①中國大陸與沿線國家簽署了一系列合作框架協議和諒解備忘錄。

②中俄天然氣管道東線已於2019年12月部分實現通氣，2024年全線通氣。

③中緬油氣管道全線貫通。

通訊設施

中緬、中巴、中吉、中俄跨境光纜資訊通道建設取得明顯進展。

（三）貿易暢通

1. 貿易與投資自由化便利化水準不斷提升：

　　2017年5月以來，中國大陸與沿線國家簽署100多項海關檢驗檢疫合作文件，實現了50多種農產品食品檢疫准入。

　　中國大陸平均關稅水準從加入世界貿易組織時的15.3%降至7.5%。

2. 貿易規模持續擴大：

　　2013～2018年，中國大陸與沿線國家貨物貿易進出口總額超過6兆美元，年均增長率高於同期中國大陸對外貿易增速，占中國大陸貨物貿易總額的比重達到27.4%。

　　世界銀行研究組分析了共建一帶一路倡議對71個潛在參與國的貿易影響，發現共建一帶一路倡議，將使參與國之間的貿易往來增加4.1%。

3. 貿易方式創新進程加快：

　　2018年，透過中國大陸海關跨境電子商務管理平台零售進出口商品總額達203億美元，同比增長50%。

（四）資金融通

1. 探索新型國際投融資模式：

　　絲路基金與歐洲投資基金共同投資的中歐共同投資基金於2018年7月開始實質性運作，投資規模5億歐元。

2. 多邊金融合作支撐作用顯現：

中國人民銀行與世界銀行集團下屬的國際金融公司等多邊開發機構開展聯合融資，截至2018年底已累計投資100多個項目，覆蓋70多個國家和地區。

2017年11月，中國大陸一中東歐銀聯合體成立。2018年7月、9月，中國大陸一阿拉伯國家銀行聯合體、中非金融合作銀行聯合體成立。

3. 金融機構合作水準不斷提升：

截至2018年底，中國大陸出口信用保險公司累計支持對沿線國家的出口和投資超過6,000億美元。

4. 金融市場體系建設日趨完善：

中國進出口銀行面向全球投資者發行20億人民幣「債券通」綠色金融債券，金磚國家新開發銀行發行首單30億人民幣綠色金融債，支援綠色絲綢之路建設。

5. 金融互聯互通不斷深化：

已有11家中資銀行在28個沿線國家設立76家一級機構，來自22個沿線國家的50家銀行在中國大陸設立7家法人銀行、19家外國銀行分行和34家代表處。

（五）民心相通

1. 文化交流形式多樣：

中國大陸與中東歐、東盟等國家和地區共同舉辦文化年活動，形成了「絲路之旅」、「中非文化聚焦」等10餘個文化交流

品牌，在沿線國家設立了17個中國文化中心。

2. 教育培訓成果豐富：

　　2017年沿線國家3.87萬人接受中國大陸政府獎學金來華留學，占獎學金生總數的66.0%。在54個沿線國家設有孔子學院153個，孔子課堂149個。

3. 旅遊合作逐步擴大：

　　與57個沿線國家締結了涵蓋不同護照種類的互免簽證協議，與15個國家達成19份簡化簽證手續的協議或安排。

　　2019年中國大陸出境旅遊人數達1.55億人次，到中國大陸旅遊的外國遊客人數達1.45億人次。

4. 衛生健康合作不斷深化：

　　中國大陸與蒙古、世界衛生組織、比爾及梅琳達‧蓋茲基金會等國家、國際組織、非政府組織簽署了56個推動衛生健康合作的協議。

　　在35個沿線國家建立了中醫藥海外中心，建設了43個中醫藥國際合作基地。

5. 救災、援助與扶貧持續推進：

　　首屆一帶一路國際合作高峰論壇以來，中國大陸向沿線發展中國大陸家提供20億人民幣緊急糧食援助，向「南南合作援助基金」增資10億美元，在沿線國家實施了100個「幸福家園」、100個「愛心助困」、100個「康復助醫」等專案。

（六）產業合作

1. 中國大陸對沿線國家的直接投資平穩增長：

　　2013～2018年，中國大陸企業對沿線國家直接投資超過900億美元，在沿線國家完成對外承包工程營業額超過4,000億美元。

2. 國際產能合作和第三方市場合作穩步推進：

　　中國大陸已同哈薩克、埃及等40多個國家簽署了產能合作文件。

3. 合作園區蓬勃發展：

　　中國大陸分別與哈薩克、寮國建立了中哈霍爾果斯國際邊境合作中心、中老磨憨－磨丁經濟合作區等跨境經濟合作區。

三、一帶一路2019年十大重要成果

　　（一）2019年5月14日，由中企承建的印尼瓦利尼隧道當日貫通，標誌著雅萬高鐵建設取得階段性重要進展，為全線加速建設奠定了堅實基礎。

　　（二）2019年7月28日，中老鐵路寮國瑯勃拉邦湄公河特大橋當日成功合龍，實現全橋貫通，比計劃工期提前7個月，標誌著中老鐵路2019年土建工程取得關鍵性勝利、中老鐵路工程建設取得重大成果。

　　（三）2019年9月16日可倫坡地標建築蓮花電視塔舉行竣工慶典。此為中斯兩國在一帶一路建設中的重要合作項目，由中國進出

口銀行提供大部分貸款，中國電子進出口有限公司負責承建。塔高350米，是迄今南亞最高的電視塔。

（四）2019年9月22日，中國大陸在土耳其的最大直接投資項目胡努特魯電廠在土南部阿達納省正式開工；該項目是中國大陸一帶一路倡議和土耳其「中間走廊」計劃對接的重點項目。

（五）2019年10月，希臘比雷埃夫斯港作為一帶一路倡議的典範項目，獲希臘港口發展和規劃委員會批准了比港提交的後續發展規劃，將進一步把比港打造成世界一流港口。

（六）2019年10月14日，中國濰柴集團與白俄羅斯馬茲集團合資建設的發動機生產廠正式投產，開始批量生產柴油發動機。

（七）2019年10月16日，由中國企業承建的肯亞奈洛比—馬拉巴標軌鐵路（內馬鐵路）一期工程當日正式建成通車。

（八）2019年10月25日，經過17天運行，滿載著82個標準箱的中歐班列（義烏—列日）「世界電子貿易平台（EWTP）菜鳥號」首趟列車，抵達比利時列日物流多式聯運貨運場站。這是首個貫通中國大陸長三角區域、中亞和歐洲並服務於跨境電子商務的專列。

（九）2019年12月7日，由中國大陸和斯里蘭卡合作開發建設的可倫坡港口城舉行盛大慶典，紀念該城正式成為斯國永久土地。可倫坡港口城是斯里蘭卡與中國大陸的一帶一路重點合作項目，建成後將成為南亞地區集金融、旅遊、物流、IT等為一體的高端城市綜合體。

（十）2019年12月12日，在科威特艾哈麥迪省阿祖爾煉油廠15

套核心煉油設施實現工程機械竣工。位於科威特南部沙漠腹地的阿祖爾煉油廠是中國大陸一帶一路倡議與科威特「2035國家願景」相對接的重點工程之一，建成後將成為中東地區規模最大煉油廠。

拾

一帶一路構建與東盟的親密關係

RCEP＋一帶一路＝插在老虎身上的兩隻翅膀

　　隨著美國對華採取極限施壓政策的強化，使得原本還顧及國際乃至美國感受，將一帶一路由積極進取的戰略，調整為溫良恭儉、不具攻擊性的倡議，以免落人口實。惟換來的卻是美國更加猛烈的各類型炮火（外交、經貿、軍事……）打壓，終使中國下定決心，卯足勁加速推進一帶一路，尤其是出海第一站的東盟國家，更是透過一帶一路與中國建構親「蜜」關係。

東盟正蛻變為全球經貿活力區

　　是的，你沒有看錯，此「蜜」非彼「密」，用以強調中國大陸與東盟多數國家關係之親密，基本已進入「利益與命運共同體」之相互難以割捨的狀態。於是2020年上半年，東盟成功超越歐盟成為中國大陸第一大貿易夥伴，便並非不可思議。其實許多人不知道的是，2019年東盟已悄無聲息地取代美國，成為中國大陸第二大貿易夥伴，2020年上半年則乘勝追擊，更上一層樓！

　　探究東盟之所以能在中美貿易戰的過程中接連碾壓美國與歐盟，躍居中國大陸最大貿易夥伴，除了川普的神助攻之外，相當程度得益於2019年11月《中國－東盟自由貿易區升級協議書》的全面生效，使雙方以農產品為主的貿易份額迅猛提速。而這還是「RCEP」上馬之前的戰績，一旦以東盟為首的10+5「RCEP」於2021年落地，將使全球經貿產生結構性變化。

　　東盟作為當今國際最主要之新興崛起經濟體，經濟總量已達到

2.6兆美元，人口超過6.4億，且一半以上低於35歲，後續爆發力自是不容小覷。「世界經濟論壇」甚至曾經樂觀預測，2020年東盟將繼美國、歐盟、中國、日本之後，成為世界第五大經濟體。確實如此，東盟做為全球經濟發展最具活力的地區之一，近幾年GDP增速傲人，以2018年為例，越南和柬埔寨均超過7%，十國之中除已躋身發達國家的新加坡外，所有成員經濟增速都在4%以上；2019年雖有所放緩，但快速發展形勢與格局並未改變，並躍升為中國大陸第二大貿易夥伴。

　　到了2020年，由於受到「新冠病毒」疫情影響，國際經貿嚴重受阻，乃至川普的瘋狂甩鍋及部分國家附和美國抵制中國大陸，反倒促使東盟以貼近、緊臨中國大陸的地利之便，乘著一帶一路東風及與中國的升級版自貿協議，因禍得福的順利打開全新局面。

2020上半年之外貿夥伴前三排名

　　2020年上半年，中國大陸對外貿易額中，與東盟的進出口貿易總值達2978億美元，折合人民幣2.09兆元，占貿易總額的14.7%。其中，中國大陸對東盟出口額1.1兆元，進口額將近1兆元人民幣，首次成為中國大陸第一大貿易夥伴。而中國則已連續10年保持為東盟第一大貿易夥伴。

　　原本穩坐第一的歐盟跌至第二，貿易總值將近2兆元人民幣──出口額和進口額分別為1.21兆元及7835億元，占外貿總額的13.9%。

　　排名第三的美國，則因川普持續不斷甚至變本加厲的惡意挑釁與操弄，摩擦已難以調和，導致2020年上半年雙方進出口總值再降10%，僅為1.64兆元，占外貿總額的11.1%。其中，中國對美國出口超1.2兆元，進口額3956億元，依然明顯順差，可見川普信誓旦旦表示「制裁將使中國面臨嚴重損失」的說法，純屬對國際經貿形勢的認知不足與錯誤判斷。

　　其實政治素人的川普不但對世界經濟發展大勢所知有限，對新冠病情擴散的防治，更是懵懂無知，在其主政之下，美國疫情期間的表現可以荒腔走板名之，導致嚴重拖累與破壞其經濟運行機制。根據美國商務部公佈數據顯示，2020年二季度美國國內生產總值（GDP）環比下降32.9%，創1947年美國政府首次開始跟蹤該數據以來的最大跌幅。衝擊與影響所及，美國失業率亦達破歷史記錄的30%，超過4000萬人失去工作。相形之下，至少400家以上美國大型企業的倒閉，也就顯得微不足道、不足為奇與理所當然了。

　　尤為可悲、可笑的是，即使面對如此嚴峻的經濟及疫情形勢，川普唯一會做的、能做的，便是甩鍋中國，更以各種手段圍堵、封殺華為、TikTok（抖音海外版）……等中國企業的生存空間，從而使中美兩國陷入自1979年建交以來，最為劍拔弩張的非常狀態。

中國大陸和東盟關係漸入佳境

　　反觀中國大陸與東盟則進入到如魚得水的境界，合作發展前景即使在美國時不時試圖製造爭議與對立的景況下，仍能勢如破竹、

一路向好。之所以如此，有各方面因素促成，惟一帶一路的積極推進應居首功。

如上所述，由於東盟是至為重要與關鍵的一帶一路「出海第一站」，因此中國大陸投入大量資源予以精耕，甚至一帶一路之「一路」（「21世紀海上絲綢之路」），都是習近平主席2013年10月3日在印尼進行國是訪問時提出（「一帶」之「絲綢之路經濟帶」，則是2013年9月7日對中亞國家哈薩克進行國是訪問時提出，均有其深意）。

目前來看，一帶一路倡議在東盟已然形成陸海雙向互濟的發展格局，中國－中南半島經濟走廊、中緬人字形經濟走廊等陸上通道，與海上絲綢之路共同構建一帶一路在東盟國家的兩翼，為中國與東盟相互合作提供新的經濟增長動能，因此能得到相應國家的肯定。

從積極支持一帶一路倡議，到東盟十國成為亞投行的創始成員國，再到十國領導人全員到齊，集體出席第二屆一帶一路國際合作高峰論壇，一路走來，已清楚表達東盟對一帶一路堅定支持之立場，「域外家國」的美國意欲以領海爭端、政治議題、軍事干預……等暗黑手段加以撼動，談何容易？畢竟共商、共建、共用、圖謀經濟、貿易良性運作，才是硬道理。

一帶一路助推東盟現代化腳步

自中美貿易爭端進入白熱化階段，中國－東盟與中美的貿易額

差距便開始明顯縮小，從2017年的689億美元縮小至457億美元，幅度達33%。尤為難能可貴的是，雙方的合作已跳脫最簡單的進出口貿易層面，而進入相互投資領域。

截至2018年底，中國大陸對東盟累計投資890.1億美元，東盟對中國大陸累計投資額1167億美元，中國與東盟雙向投資呈加快增長勢頭。值得一提的是，2018年東盟超過維爾京群島，躋身為繼香港之後的中國第二大對外投資目的地。此既說明中國與東盟非同一般的緊「蜜」關係，亦突顯不少東盟國家如：柬埔寨、馬來西亞、老撾等，近幾年的基礎建設、城鄉風貌發生翻天覆地迅猛變化的本質原因。我將之稱為：疊代複製。

實情不容辯駁，自中國大陸提出一帶一路以來，對東盟國家所迫切需要的各種基礎設施便展開大力度投資建設，尤其2016年9月雙方簽署《中國－東盟產能合作聯合聲明》之後，一些至關緊要的互聯互通項目陸續開工，對東盟各國產生深遠與積極影響。

其中較具指標意義的建設不勝枚舉，如：中方對菲律賓無償援助和優惠貸款支持的帕西格河橋樑、赤口河灌溉、卡里瓦大壩、南北鐵路南線、中菲工業園區、班乃島跨海大橋、達沃高速公路等專案。中緬人字型中緬經濟走廊、中緬油氣管道（2017年3月份投產）；特別值得關注的，是2018年11月8日，中緬達成皎漂深水港項目將由雙方共同投資的緬甸公司，以特許經營方式開發運營的框架協議（中方占股70%，緬方占股30%）。

在與越南的互聯互通方面，中國企業投資與援助「三高兩鐵三

橋」、河內輕軌二號線（吉靈－河東）、老街－河內－海防標準軌道鐵路項目、龍江工業園等經貿園區，均穩妥進行或已落成運營。

在中國與柬埔寨方面，提供的支持、援助與合作發展的專案那就更加多不勝數，畢竟「柬鐵」稱號絕非浪得虛名。如：華能桑河水電站、西哈努克港經濟特區、國家運動場、金邊－西港高速公路、煉油廠……。

此外，雅萬高鐵、中老鐵路、中泰鐵路等強烈利好「泛亞鐵路經濟圈」的重大基礎設施投資，亦有序推進，為東盟國家的現代化建設與發展帶來真實利益。

為使雙方的經貿往來更加有效推進及強化區域合作，於2004年開辦、2019年升格為國家級展會的「中國－東盟博覽會」（東博會）及其中的「商務與投資峰會」，更成為中國－東盟之間重要的開放合作平臺，迄今為此，已成功舉辦17屆（含2020年）。

RCEP＋一帶一路＝核爆動力

必須強調的是，上述種種還不算最激動人心的時刻，可望於2021年達成協商並簽署的「區域全面經濟夥伴關係協議」（RCEP）一旦付諸實現，勢將重塑亞洲乃至世界貿易格局！屆時一帶一路之於RCEP，有如在老虎身上插上兩隻翅膀，其核爆發與續航力充滿無限想像空間。

「RCEP」究竟是什麼樣的國際經貿合作組織，能帶來如此巨大、強悍的市場衝擊與變化？

首先，它是由東盟十國於2012年發起並做為主體，然後邀請中國大陸、日本、韓國、澳大利亞、新西蘭、印度等國共同參與（10+6），通過削減關稅及非關稅壁壘，建立16國統一市場之區域經濟一體化合作，成員國間互相開放市場、互惠互利。目前唯一遺憾的是，印度因考慮其國內產業發展相對滯後，唯恐加入未蒙其利反受害，故而宣布退出，惟中國與日本均表示願意針對印度之實際，訂定單行條款……。

　　一旦協議開始實施，意味著國際經貿市場將誕生一個人口最多（35億人，印度若確定退出，則需重新計算）、GDP達23兆美元（約占全球總量的32.2%）、貿易額最大（約占全球總量的29.1%）、涵蓋區域最廣、結構最多元（有大國、小國；有發達國家、發展中國家；有工業園、資源國……）的超重量級巨無霸之自由貿易區，其對世界經貿遊戲規則與發展全局將帶來的根本性變化，不言而喻。

　　這就難怪有些專家會把籌備於2012年的RCEP，與推出於2013年的一帶一路進行掛鉤式聯想，是巧合還是早有圖謀的先行鋪墊，以便讓兩者更加緊密的有機結合？恐怕誰也說不清楚。

RCEP各國的2018年GDP、人口、人均GDP

RCEP各國	GDP（億美元）	人口（百萬）	人均GDP（千美元）
中國	138918.26	1395	9.96
日本	49709.16	126.5	39.30
韓國	16194.24	51.64	31.36
澳大利亞	14321.95	24.99	57.31

RCEP各國	GDP（億美元）	人口（百萬）	人均GDP（千美元）
紐西蘭	2050.25	4.89	41.93
印尼	10421.7	267.66	3.89
泰國	5049.9	69.43	7.27
新加坡	3641.6	5.64	64.57
馬來西亞	3543.5	31.53	11.24
菲律賓	3309.1	106.65	3.10
越南	2249.5	95.54	2.35
緬甸	712.1	53.71	1.33
柬埔寨	245.7	16.25	1.51
老撾	181.3	7.06	2.57
汶萊	135.7	0.43	31.56
合計	250683.96	2256.92	11.11

2019年中國跟主要交易夥伴貿易額（億元）

排名	國家項目	貿易額	出口	進口	順（逆）差
1	美國	37306.8	28853.0	8453.8	20399.2
2	日本	21709.0	9871.8	11837.2	-1965.4
3	香港	19868.4	19242.4	626.0	18616.4
4	韓國	19605.7	7645.7	11960.0	-4314.3
5	臺灣	15732.5	3798.6	11933.9	-8135.3
6	德國	12739.7	5497.7	7242.0	-1744.3
7	澳大利亞	11687.9	3326.2	8361.7	-5035.5
8	越南	11183.0	6749.8	4433.1	2316.7
9	馬來西亞	8550.5	3595.8	4954.7	-1358.9
10	巴西	7953.1	2452.1	5501.0	-3048.9

2020年上半年東盟十國與中國貿易額（億美元）

排名	國家項目	進口	出口	貿易額	順（逆）差
1	越南 （1-6月）	473.83	323.5	797.09	-150.33
2	馬來西亞 （1-6月）	228.59	340.38	568.98	111.79
3	泰國 （1-6月）	227.87	225.36	453.22	-2.51
4	新加坡 （1-6月）	262.19	145.37	407.56	-116.82
5	印尼 （1-6月）	182.75	172.56	355.31	-10.19
6	菲律賓 （1-6月）	163.87	80.87	244.75	-83
7	緬甸 （1-6月）	55.87	28.98	84.85	-26.89
8	柬埔寨 （1-5月）	29.80	5.21	35.01	-24.59
9	汶萊 （1-4月）	1.87	4.49	6.36	2.62
10	寮國 （1-2月）	1.62	2.86	4.48	1.24

拾壹

海南的一帶一路機遇

2020年6月1日對飽經磨難的海南島而言，意義堪稱非凡、重大！

因應國內外發展及經貿局勢的變化，乃至一帶一路推進之需要，就在這一天，中共中央印發《海南自由貿易港建設總體方案》，正式向世人宣告準備將海南打造為「具國際影響力的高水準自由貿易港」。這對加速推進中的一帶一路來說，無疑增添左膀右臂，「火力」與「功力」勢必增倍。

翻開海南發展的辛酸血淚史

為何以「飽經磨難」來形容海南？是因為其在改革開放過程中，至少曾有過兩次不可多得的歷史機遇，可惜由於地方政府的短視近利或管理不當，竟一再淪為房地產炒作天堂而毀於一旦。

眾所周知，1988年中央特批海南脫離廣東單獨建省及劃設為經濟特區，並首次提出以香港與新加坡的關稅政策為準，海南比照成為自由貿易港，藉此吸引外資和人才進入，意欲使之通過和大陸的轉口貿易，「變身」為中國最有競爭力的經濟特區。

如此一來，海南成為全國最特殊的版圖存在，引來大量資金和十萬英雄豪傑奔赴！遺憾的是，當時中國大陸對房地產運作模式與調控思路尚不明晰，基本還處於「要住房找市長」的公房分配體制之下，於是予無良商人炒作、哄抬良機，導致海南噩運連連、元氣大傷。

根據《中國房地產市場年鑒（1996）》統計，1988年，海南省

商品房均價1350元／平方米，1991年1400元／平方米，1992年猛漲
至5000元／平方米，1993年再漲到7500元／平方米，3年翻了4倍以
上。不遑多讓的是，其省會海口市地價也進入火箭升空狀態，由
1991年的幾十萬元／畝，攀升到1993年的680萬元／畝，令市場嘖
嘖稱奇，而當時海口本地人口不過30萬，就是算上整個海南島，
600多萬人中最多只有20%的人居住在城市，從而為其淪為「鬼城」
之嚴重後果打下「堅實基礎」。

朱鎔基鐵腕急，海南房產入冬

　　1993年6月，時任國務院副總理朱鎔基鑒於樓市明顯過熱，已
然對正常的經濟運行帶來衝擊與威脅，於是來了個緊急煞車，宣布
終止房企上市、全面控制銀行資金進入房地產業，以為躁動的房地
產澆一盆冷水。國務院則隨即發布《關於當前經濟情況和加強宏觀
調控意見》，這一被當時市場稱之為「十六條」的措施包括：嚴控
信貸總規模、提高存貸利率與國債利率、限期收回違章拆借資金、
削減基建投資、清理所有在建專案等，全面控制銀行資金進入房地
產業……；堪稱招招致命！於是政策威儡所及，海南房地產迎來致
命打擊。

　　根據資料顯示，這場調控給占全國0.6%總人口的海南省留下
了占全國10%的積壓商品房，全省「爛尾樓」高達600多棟、1600
多萬平方米，閒置土地18834公頃，積壓資金800億元，僅四大國有
商業銀行的壞帳即高達300億元，許多銀行的不良資產率鮮少低於

60%。尤有甚者，海口的1.3萬家房地產公司竟倒閉95%以上，景況之慘烈，可以哀鴻遍野形容。

這是海南第一次「變寶為廢」的悲情歷程。

海南簡稱：瓊，是真的「窮」啊

時間推移至2010年1月，國務院發布《關於推進海南國際旅遊島建設發展的若干意見》，預計到2020年將海南初步建成為世界一流海島休閒度假旅遊勝地。在此政策東風之下，好不容易、費盡力氣剛消化完上一波爛尾樓，還沒緩過神來的海南重回地產巔峰，各路資本蜂湧進入，海南樓市再陷「瘋瘋」！房價由2010年初的5000元～6000元／平方米，飆漲至2011年年底已過萬元，而國際旅遊島呢？卻仍只停留在紙面、圖樣之上，未見蹤影，於是海南發展再陷困頓。

這時候市場連驚呼都沒勁了，過山車式走勢似乎已成海南房價常態，因為三歲孩提都知道，建設興業需要時間、週期，房價漲跌卻是轉瞬即至。

這是海南第二次丟失歷史性的翻身機遇。

果然是成也房地產，敗也房地產，32年來平白讓海南錯失了兩次其他城市想都不敢想或光想到就會流口水，卻不敢奢望的破天荒機遇，確實殊為可惜啊！如此這般，其經濟體量始終難以提振，便在情理之中。截至2019年海南人均GDP僅56507元，遠遠落後於全國平均水準的70774元，於是坊間流傳著有關海南的趣談——海南

簡稱「瓊」，所言不虛，確實窮！

　　窮到什麼地步？2019年，常住人口950萬的海南省的GDP為0.53萬億元，全國31省倒數第四，僅高於西藏、青海、寧夏，經濟增速5.8%，排名第25位。

　　對比中部新興崛起，表現不好不壞、人口規模相當的地級市長沙，2019年GDP1.1萬億，常住人口815.47萬，相形之下，海南像極了扶不起來的阿斗！不難窺見海南做為一個省的地位，有多麼難堪與尷尬。

海南房產已進入可控狀態

　　這就怪不得當2020年第三次更大的、更激動人心的核彈級機遇來襲時，許多人對海南能否順利接招？充滿疑慮與不確定。

　　為了破解各方困惑、強化信賴與信心，在《海南自由貿易港建設總體方案》下發不久的6月8日，海南省委書記劉賜貴談及海南房地產政策時信誓旦旦、鄭重表示：我們嚴格控制房地產，海南的房地產不是外面想要多少就建多少，成為房地產的加工廠，我們土地是有限的，而且歷史上也有過教訓……云云。

　　事實上，早在2018年4月13日，中國國家主席習近平親自宣布：「海南島劃定為自由貿易試驗區並探索建設自由貿港」時，海南省便下發《關於進一步穩定房地產市場的通知》，對樓市實施全域限購，嚴格禁止島外投資購房，以避免重蹈「海南發展史」就是一部「房地產血淚史」之覆轍，及向中央宣示使命必達的決心。

除了島外購房之禁絕，2020年海南更推行全國首例之房產新政——自3月8日起，必須現房銷售，並嚴格執行本地居民多套住房限購措施——對在本省已擁有2套及以上住房的本省戶籍和常住居民家庭，停止向其銷售安居房與商品房。隨著樓市調控措施的不斷加碼，市場終於開始呈現穩步降溫之態勢。

2017年，海南省商品房銷售額刷新歷史紀錄至2713.7億元，同比漲幅82.1%，2018年便直接扭頭向下降23.2%；2019年商品房銷售額同比繼續挫跌38.8%；2020年前4個月，海南商品房銷售額再度萎縮45.1%至224.91億元。降速與降幅莫不跌破市場眼鏡！

由此可見地方政府尋求突破心情之急切，當然，這也與中共中央隨時保持關注、不容半點出錯與閃失的警戒狀態密切相關。因為這一次變革腳步之大、力度之強、法規之開放，乃空前所未見！終究事關國運興衰，只許成功，不許失敗！怎能不劍及履及、慎之又慎？

只要你不是「游泳來瓊」，歡迎免稅購物

事實上，中國大陸圖謀將海南打造成為國際自由貿易港＋國際金融中心＋國際旅遊生態度假島，以利一帶一路之推進的計畫與構思，已經有相當一段時日，過程中為了激勵市場、促進效果，各種租稅減免的手段之多，可謂無所不用其極。

以與一般消費者關係最密切的購物免稅為例，從2011年4月海南離島免稅政策實施以來，在限額、對象、商品種類和購買方式等

方面不斷放寬，額度也從最初與香港保持一致的5000元，提升到如今的10萬元，商品種類涵蓋首飾、工藝品、手錶、香水……等18種，2015年擴充至38種；2018年5月1日起實施59國免簽及進一步增加部分家用醫療器械商品，且免稅政策適用的旅客範圍逐步擴大，從最初的搭機才符合資格，到火車、輪船的離島旅客均包含在內。

換言之，只要你不是「游泳過來的」，都歡迎你買！買！買！也因此2011～2019年海南免稅購物人次從開放之初的50萬人快速躍升至384萬人。

為了更加突出海南做為「全球自貿港」的地位，《方案》採取目前只適用於港澳的零關稅政策之「單獨關稅區」，明定將於2025年前啟動封關，實施「一線放開，二線管住」政策。屆時從內地去海南會有一道海關，與當年深圳和珠海的二線關雷同。海南跟國際之間的海關為一線關，則全面放開，實現人員、貨幣、商品的自由流動。

海南可望成為人、財聚集寶地

在招商引資及人才導入方面，《方案》也提供了絕佳方案——對註冊在海南自由貿易港並實質性運營的企業（負面清單行業除外），減按15%徵收企業所得稅。對一個納稅年度內在海南自由貿易港累計居住滿183天的個人，其取得來源於海南自由貿易港範圍內的綜合所得和經營所得，按照3%、10%、15%三檔超額累進稅率徵收個人所得稅。這與內地普遍採用的是7檔超額累進稅率——

3%、10%、20%、25%、30%、35%、45%有極大差異，對於吸引高層次人才具有明顯優勢。

執是之故，從2018年4月13日海南成為自由貿易試驗區並探索建設自由貿易港時，便迎來高光時刻，順利引進各類型企業14.4萬戶，同比增長68%，崗位數增加40萬，新開工1億元以上專案達572個，總投資5828億元。隨著舉全國之力發展海南的大政方針持續推動，可以預見進入海南的企業與人才將呈爆發式增長態勢。

《海南自由貿易港建設總體方案》除了「人幣貨」自由流動之外，還有哪些內容導致如此巨大的市場變化？

相關資料顯示，以往囿於國內法令、法規限制，企業欲上市必需去海外免稅島如：開曼、巴哈馬或維京群島註冊作為跳板，及外國人不能在內地設立企業時擔任法人，現在海南都可以實現；尤其特殊的是，在國內還不能進口的特效藥、抗癌藥甚至保健品及醫療器械，均將在海南醫療旅遊先行區合法使用，而得以憑空創造龐大的養老、養生乃至保健需求與市場。

政策環環相扣、不容閃失

更關鍵的是，《方案》的魅力還存在於一個重磅政策：「對鼓勵類產業企業生產的不含進口料件或者含進口料件在海南自由貿易港加工增值超過30%（含）的貨物，經二線進入內地免徵進口關稅」。也就是說，如果海南本地企業將免稅進口的原料（鼓勵類）加工成為商品，只要增值超過30%，即視為海南本地商品，進入大

陸免關稅！

　　不難預測在這個政策的刺激與引導之下，海南有望成為國際重要的加工與製造業中心，將會有大量工廠和企業落地，重點從事中轉加工及製造行業。

　　除此之外，考慮到國際金融中心的特殊性，《方案》涉及金融運行之舉措多達14條，其中提出一系列促進跨境資金流動自由便利的金融開放和創新政策，以有效推動自由貿易帳戶體系及結算中心等要素的實質落地。

　　為了確保海南自貿港的成功與萬無一失，風險把控是重中之重！於是《方案》提出要建設風險防控體系，強調必需有針對性的化解重點領域之風險。海南省委書記劉賜貴為此特別強調了6個「不允許」——「不允許危害國家安全，不允許在意識形態破壞社會主義制度，不允許通過貨物貿易走私，不允許搞黃賭毒，不允許破壞海南良好的生態環境，不允許在海南自貿港建設過程中產生腐敗、不廉潔的行為。」可謂面面俱到，至於能否做到？以不負國家期待、有助一帶一路推進，不妨拭目以待。

選擇海南是為了南海

　　盱衡全球經貿格局瞬息萬變，海南顯然將擔綱服務大局的重責。問題是「大局」是什麼？未深入研究難窺其堂奧。

　　首先，是因應由美國主導的「逆全球化」浪潮正在發生惡性循環作用，其並糾集盟友不斷在軍事、經貿、科技……等領域尋釁滋

事，使中美抗衡越趨於強烈，使國際局勢發生結構性極變，為維護國家主權與領土不受侵犯，乃至排除一帶一路前進障礙，尤其是考慮到新冠肺炎疫情有常態化趨勢，中國大陸遂展開兩手策略，於2020年5月提出「以國內大循環為主的雙循環發展格局」，及更為重要、布局已久的「調整城市定位」之舉措；一改過往以沿海為主，相對較單一與集中的城市功能，如：北京首都＋科創、上海金融＋航運、深圳高新技術＋金融服務、廣州商貿＋交通……。開始逐步往內陸推進，以分散關鍵城市的主導作用，避免成為外部勢力打擊標的，從而造成不可想像的嚴重衝擊，且一併解決區域發展不均衡、貧富差距過大之沉痾。

這樣的運作模式我將之稱為「菱形戰略」。菱形的四個頂點——京津冀、長三角、粵港澳、川渝之GDP規模占全國45%，涵蓋範圍的「內核」則占32%，兩者相加達77%，重要性自不逮言。而這個酷似鑽石形狀的戰略是有「底座」的，那就是沿海大通道，係中國大陸全新的經濟動線與軍事防線，其功能妙不可言。

顯而易見的是，透過這幾年艱苦卓越之努力，一帶一路的西部陸海新通道及中歐班列對大陸內地中西部、西北部、南部城市的基礎建設與經濟發展之帶動至為明顯，而海南則成為最後的點睛之作。其作為中國大陸最南方領土的存在，看似孤懸海上，但換個角度看，當威脅來自於南海，海南便成為捍衛國門的第一道關卡，不管這種威脅是來自經貿或軍事。

總而言之，海南之所以屏雀中選脫穎而出，是基於以下作用、

原因與角色定位：

一、確保南海主權完整的「鋼鐵堡壘」。

二、是太平洋、印度洋兩大洋之間的重要海上交通樞紐。

三、構建「泛亞高鐵經濟圈」的指標型組成部分。

四、「西部陸海新通道」的守護神、「定海神器」。

五、「一帶一路」出國門始發地，有效串聯東盟甚至歐盟。

六、與海南諸島互為犄角之勢，使軍事防禦與進攻無死角。

七、分散關鍵城市功能之中央戰略布局的重要舉措。

八、替代香港部分金融與自由貿易功能。

九、打造世界級原生態度假勝地。

十、人口稀少、工業基礎薄弱，無需「大拆大建」，試錯成本低。

歷史與現場 290

中國謀略：
新全球化下中國一帶一路的經濟與戰略布局

作　　者—蔡為民
特約校稿—林秋芬
副 主 編—謝翠鈺
責任編輯—廖宜家
資料圖表提供—蔡為民
美術編輯—菩薩蠻數位文化有限公司
封面設計—陳文德

董 事 長—趙政岷
出 版 者—時報文化出版企業股份有限公司
　　　　　108019 台北市和平西路三段 240 號 7 樓
　　　　　發行專線—（02）2306-6842
　　　　　讀者服務專線—0800-231-705、（02）2304-7103
　　　　　讀者服務傳真—（02）2304-6858
　　　　　郵撥— 1934-4724 時報文化出版公司
　　　　　信箱— 10899 台北華江橋郵局第 99 信箱
時報悅讀網— http://www.readingtimes.com.tw
法律顧問—理律法律事務所 陳長文律師、李念祖律師
印　　刷—紘億印刷有限公司
初版一刷— 2020 年 9 月 25 日
定　　價—新台幣 350 元
缺頁或破損的書，請寄回更換

中國謀略：新全球化下中國一帶一路的經濟與
戰略布局 / 蔡為民作. -- 初版. -- 臺北市：時報文
化, 2020.09
　　面；　公分. -- (歷史與現場 ; 290)
　　ISBN 978-957-13-8369-9(平裝)

1.區域經濟 2.經濟合作 3.中國大陸研究

553.16　　　　　　　　　　　　　109013425

ISBN 978-957-13-8369-9
Printed in Taiwan